Pour que l'argent relie les hommes

La collection ***Pratiques utopiques*** rassemble des livres qui ont l'ambition de montrer qu'il y a toujours place, ici et maintenant, comme hier et ailleurs, pour des réalisations qui se donnent d'autres priorités que le profit, la course à la consommation ou le tout à l'économie et qui inscrivent leur sens dans le concret de pratiques libres et solidaires.

Face au morcellement du travail, à la désertification des campagnes, à la déshumanisation dans les cités ou à l'exclusion, des entreprises, des groupes, des associations ou des individus apportent des réponses originales et adaptées à ces questions de société qui paraissent parfois insolubles.

Concrètement il s'agit de bâtir cet « autre monde possible » qui ne peut objectivement se décliner qu'au pluriel.

Exemples de démocratie économique, d'initiative citoyenne ou d'innovation sociale, elles bousculent également quelques sacro-saints principes de notre société marchande, démontrant au quotidien que l'association est plus enrichissante que la compétition, que la coopération vaut mieux que la concurrence ou que l'autogestion permet de reprendre le pouvoir sur sa vie.

Pratiques utopiques espère, par ce biais, encourager ceux qui sont insatisfaits du monde dans lequel ils vivent, à faire le pas vers d'autres possibles. L'utopie est à portée de main.

Catalogue en fin d'ouvrage

4, allée Séverine - 26000 Valence
www.reseaurepas.free.fr

Couverture : Philippe Gady
Rédaction et mise en page : Scop La Navette

Association La NEF

avec la collaboration de Michel Lulek

Pour que l'argent relie les hommes

40 années de réflexion et d'expérimentation

éditions Repas

« C'est l'intérêt pour l'autre qui fait vivre
l'économie de façon saine »

« Si nous avions été des banquiers,
nous n'aurions jamais créé La NEF »

Jean-Pierre Bideau
cofondateur de La NEF

« L'économie "objectivement fraternelle"
suppose une évolution profonde des rapports
entre les personnes »

« L'échec ? Cela ne fait pas partie
de nos hypothèses de travail »

Henri Nouyrit
cofondateur de La NEF

Remerciements

Que toutes les personnes sans qui ce livre n'aurait pas existé soient ici remerciées :

Ce récit a été écrit à partir de la transcription d'entretiens réalisés en 2013 par Béatrice Barras avec Jean-Pierre Bideau, Philippe Leconte, Serge Alquier et Catherine Nouyrit et d'entretiens complémentaires réalisés en 2014 et 2015 par Michel Lulek avec Jean-Pierre Caron, Marie-Thérèse Ducourau, Patrick Sirdey, Corinne Nouyrit-Seignez, Jean-Luc Seignez, Jean-Claude Detilleux, Béatrice Barras, Philippe Clairfayt et, à nouveau, Jean-Pierre Bideau, Serge Alquier, Philippe Leconte.

Les archives de l'association La NEF, déposées dans les locaux de la Société financière de la Nef, à Vaulx-en-Velin, ont apporté des éléments complémentaires ainsi que quelques archives d'Henri Nouyrit communiquées par sa fille Corinne Nouyrit-Seignez. Ces documents, lorsqu'ils sont utilisés dans le texte, sont référencés dans les notes de bas de page.

L'ouvrage a été écrit pour l'association La NEF par Michel Lulek, de la Scop La Navette (https://www.la-navette.net).

Merci enfin à Patrick Viveret pour sa préface et à Manel Vaqué Boix pour l'enregistrement vidéo des entretiens avec Jean-Pierre Bideau.

N. B. : *Dans le texte, La NEF (en majuscules) désigne l'association créée en 1979, et la Nef (en minuscules) désigne la société financière créée en 1989 et devenue organisme bancaire* de facto *en 2014. Par ailleurs, les citations entre guillemets et en italiques renvoient à des sources écrites, généralement référencées en note. Les citations entre guillemets seulement, sont issues des entretiens réalisés avec les personnes concernées.*

Sommaire

Préface

On connaît la formule fameuse de Berthold Brecht, issue de son Opéra de quat'sous : « Qu'est-ce que le cambriolage d'une banque, comparé à la fondation d'une banque ? » Qui n'y souscrirait pas en voyant aujourd'hui des pays dominés par les intérêts financiers et des populations victimes de politiques qui privilégient le profit et la concurrence pour toujours plus de gain, quelles qu'en soient les conséquences, sociales, humaines ou environnementales. Fatalité ? Certainement pas ! Les banques ne reflètent-elles pas ce qu'est notre société et ce qu'en font les individus ?

Il y a cependant une certaine audace à vouloir changer le monde... en créant une banque. Pourtant, dès le XIXe *siècle, à côté des premières grandes banques d'affaires et de dépôt qui existent encore aujourd'hui, l'outil bancaire a été utilisé par des hommes et des femmes (en réalité, à l'époque surtout des hommes...) qui ont cherché à en faire un instrument d'émancipation et de solidarité. C'est ainsi que sont nées les premières banques coopératives au sein desquelles chaque sociétaire-usager se trouvait en position de maîtriser ce qu'on allait faire de son argent. Las ! En grossissant, en devenant de plus en plus grandes, en s'insérant de plus en plus dans les arcanes d'un système qui les dévoie, en se normalisant selon la règle d'un isomorphisme social et économique qui semble inéluctable, le mouvement des banques coopératives ou mutualistes a aban-*

donné progressivement une partie de l'essence profondément altruiste qui avait fait sa force. Entraînées par les forces négatives d'un système compétitif et concurrentiel, elles ont trop souvent, comme les autres banques dont elles ne se différencient plus suffisamment, organisé leur fonctionnement sur la base de l'intérêt individuel pour ne pas dire de l'égoïsme. En ce sens ces institutions ne sont que le produit des hommes qui les ont faites, des clients qui en ont peu ou prou accepté les règles, des techniciens qui en ont adapté l'organisation selon les règles du marché, dans une espèce de complicité générale où chacun a sa part de responsabilité. Ce que l'on peut considérer alors comme un échec aurait pu clore une fois pour toutes, toute tentative pour faire jouer à l'argent un rôle différent de celui qui lui est attribué dans notre société mondialisée.

Il n'en est rien et l'audace est donc encore plus grande, compte-tenu du dévoiement des expériences bancaires du XIXe siècle, que de voir persévérer un siècle plus tard de nouveaux venus qui, à leur tour, relèvent le défi d'instituer des usages différents à l'argent. Car si la déplorable réalité bancaire et financière est le résultat de l'action des individus, pourquoi donc d'autres individus ne pourraient-ils pas rebattre les cartes et reprendre à la base le projet d'une banque émancipatrice et solidaire, éthique et fraternelle ? C'est ainsi qu'en Europe des banques « éthiques » ont commencé à voir le jour dans les années 1970-1980, parallèlement à des démarches alternatives variées qui se sont traduites par la naissance des « banques de temps », des systèmes d'échanges locaux, des clubs d'investisseurs pour une gestion alternative et locale de l'épargne solidaire, etc. et dont aujourd'hui les monnaies locales sont en quelque sorte la continuation. En Allemagne, que ce soit dans la mouvance écologiste avec Ökobank ou dans la mouvance anthroposophique avec la GLS (ces deux organismes étant aujourd'hui regroupés) la volonté de créer une autre banque s'est concrétisée plus rapidement qu'en France. C'est pourtant à cette même époque qu'émerge dans notre pays le projet d'une banque différente autour d'un petit cercle de parents d'élèves d'une école Waldorff de la région parisienne. Quarante ans plus tard ce projet est devenue la banque que l'on connaît aujourd'hui sous le nom de la Nef, une micro-banque à l'échelle nationale, mais forte tout de même de près de 40 000 sociétaires et qui est reconnue comme la première véritable banque éthique française. C'est l'histoire de cette initiative qui est racontée dans ce livre.

Cette histoire est importante pour plusieurs raisons. Parce qu'elle prouve que ce qu'on appelle l'économie sociale et solidaire est toujours une économie en mouvement qui invente, ré-invente, reprend sans cesse les choses à la base quand ses promoteurs estiment que les institutions existantes sont insuffisantes, obsolètes ou détournées de leurs objectifs initiaux. Parce qu'elle montre la capacité d'intervention de la société civile (« les gens » quoi !) pour se doter eux-mêmes des outils, aussi techniques soient-ils, dont à leurs yeux la société à besoin. Parce qu'elle contredit de manière concrète, pratique, réelle, c'est-à-dire, de manière incontestable – les faits sont là, les réalisations sont visibles, la construction n'a rien d'utopique – les sentences fatales qui nient qu'on puisse faire autrement et que there is no alternative. *Parce qu'ainsi elle redonne espoir et qu'elle offre une possibilité d'agir concrètement pour chacun – ne serait-ce, mais il n'y a pas de gestes insignifiants, qu'en déposant son argent à la Nef ! Pionniers, praticiens, défricheurs, innovateurs, tels sont ces hommes et ces femmes qui, peut-être justement parce qu'ils n'étaient pas banquiers comme le dit Jean-Pierre Bideau, ont su réinventer la banque, une banque qui ne met pas l'intérêt, aux deux sens du mot, au cœur du projet de l'organisme qu'ils ont créé, et qui ouvrent même des dispositifs improbables dans un tel secteur comme l'abandon de l'intérêt ! Qui réintroduisent le don dans l'économie. Qui décèlent de l'altruisme là où l'on a plutôt l'habitude de ne voir que de l'égoïsme…*

La vitrine bancaire que représente la Nef n'est en effet que la face émergée d'un projet plus vaste qui est porté par l'association La NEF, née en 1978. Celle-ci n'a pas disparu, une fois la société financière du même nom créée dix ans plus tard. Elle a accompagné cette structure dans sa constitution et son développement vers une banque de plein exercice, et elle poursuit toujours son action que ce soit en lançant des outils de don (un fonds de dotation) ou de formation (une université citoyenne). Mais au-delà de ces outils, c'est la réflexion qui les précède qui donne tout son sens à ce projet. Les différentes qualités de l'argent (argent de consommation, argent de prêt, argent de don), la fraternité en tant que principe organisateur de la vie économique, le regard porté sur l'humain comme un être qui ne se réduit pas à la vision utilitariste des économistes, constituent le fondement de cette aventure qui puise ses racines dans une démarche philosophique et une pensée stimulante dont la vitalité et la pertinence sont à considérer au regard des fruits qu'elle a portés, fruits dont le témoignage nous oblige à reconsidérer beaucoup de choses.

On l'aura compris, l'action des membres de l'association La NEF s'inscrit depuis 40 ans dans une réflexion plus large sur le rôle de l'argent et sur ce que nous appelons la richesse, une réflexion qui a débordé dans la société, y compris dans des lieux très institutionnels. C'est ainsi qu'en 2000, le secrétaire d'État à l'économie solidaire, Guy Hascoët, a souhaité qu'une mission soit conduite pour étudier quels pourraient être de nouveaux indicateurs de richesse et qu'un peu partout dans le monde des réflexions du même ordre ont conduit à réinterroger la définition que nous en donnons et la manière dont elle est calculée dans nos comptes publics et dans nos budgets. Ce n'est du reste pas seulement une question que se posent les États. La moindre association relevant de la loi de 1901 et qui effectue une action qu'elle estime d'intérêt général est confrontée à la même question car elle sait que ce qu'elle apporte à la collectivité, à ses membres, au vivre ensemble, à la qualité des relations sociales, n'est jamais chiffré et réductible à un compte de résultat ou à un bilan au sens comptable du mot. J'ai pu contribuer à cette réflexion avec le rapport « Reconsidérer la richesse » que j'ai remis en 2002 à Guy Hascoët.

Aujourd'hui, si l'on regarde attentivement ce qui se passe dans le monde, on constate que des centaines de milliers de personnes construisent des alternatives au modèle actuel qui déstructure le tissu social, financiarise tous les aspects de nos vies, pille les ressources naturelles et encourage un consumérisme et une croissance matérielle forcenés. Des organismes financiers d'un genre nouveau remettent l'économie au service du bien-être humain et non de l'enrichissement matériel d'une minorité. Des entreprises, des citoyen(ne)s, des élu(e)s donnent la priorité à une économie réelle, sociale, solidaire, ancrée dans les territoires et les communautés humaines, ouverte aux solidarités internationales et à la diversité des peuples de la terre et ils construisent une économie circulaire, intelligente, participant à la régénération des écosystèmes. C'est autour de ce constat que s'est créé en 2013 le Collectif pour une transition citoyenne qui réunit une vingtaine de mouvements. Parmi eux, et dès l'origine de cette démarche, on trouve la Nef, seul établissement financier aussi engagé dans une démarche de changement de société. Ce n'est évidemment pas un hasard. En évoquant ici ce collectif, je ne peux m'empêcher de repenser à cette réunion de 1978 évoquée dans ce livre, qui constitue la première étape de ce qui allait devenir la Nef. Lors de cette réunion le conférencier allemand invité, le fondateur de la GLS, W.-E. Barkhoff, propose à la quinzaine de personnes présentes, non de lui poser des questions après son exposé, mais tout simplement de faire un exercice pratique. Prendre et analyser les besoins de l'un d'entre eux, et ensemble, essayer d'y répondre. Exercice lumineux qui permet de voir comment ensemble la solution au problème posé par un seul peut être résolue. Ce jour-là pourrait-on dire le premier prêt de la NEF a été mis en place. C'est cette efficacité, ce lien immédiat entre la théorie et la pratique, l'injonction de rendre concrètes des aspirations à un autre monde, cette solidarité en actes, cette recherche collective dont témoigne aux différentes étapes de son histoire l'aventure de ce petit groupe d'hommes et de femmes qui partirent une vingtaine et arrivèrent 40 000. Leur histoire n'est pas finie, elle est toujours devant eux. Si l'on ne sait pas d'où l'on vient, on a toujours du mal à savoir où l'on va. Connaître la préhistoire puis l'histoire de la NEF, ses cheminements entre victoires et déboires (il y en eut), son inspiration et ses aspirations, c'est se donner les moyens de poursuivre dans la même voie, d'avancer dans la même direction, de tenir droit sur les flots mouvementés et d'éviter les écueils sur lesquels échouèrent leurs devancières. Bon vent !

Patrick Viveret

Prologue

En 1979, une poignée d'individus crée une association, La NEF, qui, 35 ans et quelques réincarnations juridiques plus tard, aura créé *de facto* un organisme bancaire. Curieusement, aucun n'est un spécialiste de la finance. Ils sont pédagogues, professeurs, parents d'élève, journalistes, ingénieurs… et, pour eux, l'argent doit d'abord servir à relier les hommes. Ils pensent qu'il y a mieux à faire que de critiquer le système bancaire : c'est de le subvertir en y cultivant une autre semence, une autre manière d'être banquier, une façon qui permette de se réapproprier l'argent. « Faire, disent-ils, des choses sensées avec l'argent ». Ils appellent cela une nouvelle économie fraternelle.

Si ces personnes se sont rencontrées au sein de cercles anthroposophiques et qu'elles partagent une approche du monde et des hommes fortement inspirée par la pensée de Rudolf Steiner, elles ne conçoivent certainement pas leur action comme une réponse particulière aux seuls besoins des institutions dans lesquelles ils sont investis et qui sont issues des mêmes inspirations. Leur action, ils le savent d'emblée, est porteuse de sens et d'effet pour tous. En tirant le fil de l'argent, ils dévident la pelote de l'économie, définissent la place que doit y tenir l'homme et, plus globalement, se font promoteurs d'une autre manière de concevoir le fonctionnement de la société. Ils aspirent à transformer les choses, et cette transformation repose sur une vision de l'homme qui ne se réduit pas à l'*homo œconomicus* mû, nous dit-on, par ses seuls intérêts, une rationalité purement matérielle et la maximisation de sa satisfaction personnelle.

Ces banquiers qui n'en sont pas ont une toute autre idée de l'homme. Et lorsqu'ils sont amenés à en parler, ils n'évoquent ni l'utilité, ni l'intérêt individualiste, mais préfèrent parler d'altruisme et de fraternité. Ils citent tout autant les grands économistes que Goethe ou Lévinas. Ils cherchent l'homme dans sa totalité. Et ils remettent l'argent à sa juste place, sans diabolisation mais sans déification non plus. Quelques mots reviennent régulièrement dans les écrits et les paroles des fondateurs de La NEF. Ils sonnent comme une profession de foi en pointillé, jamais codifiée dans un catéchisme rigide, mais toujours perceptible en filigrane de leurs actions et de leurs discours. Ils irriguent toute l'histoire qu'on lira dans les pages qui viennent. Telles des balises sur une mer qui pourrait être dangereuse, ils guident ces navigateurs en eaux financières bien au-delà du simple champ de leur expérimentation. Ils disent l'essentiel de cette aventure dont le reste, même si c'est le plus visible, n'est que péripéties, aléas, contingences, inventions, réactions et constructions. Mais, sans les boussoles que représentent ces mots, ces idées, ces « vérités », tout ce qui en découle ne serait, sinon rien, du moins vain. Leur force vient de là. C'est donc de là qu'il faut partir.

Inspiration

Mystère des origines. Qu'est-ce qui déclenche la mise en mouvement et en action des individus ? Qu'est-ce qui les pousse à imaginer autre chose que ce qui existe ? Qu'est-ce qui les conduit à mener des actions qui les dépassent, à affronter une question, un défi, qui semblent de prime abord disproportionnés aux forces et aux énergies dont ils disposent ? Les motivations sont rarement explicites, concrètes, réductibles à une formule ou une raison. Les fondateurs de La NEF parlent d'inspiration et se sentent portés par une volonté de dépassement qui échappe aux seuls aspects matériels d'un projet. Le chemin qu'ils veulent défricher répond à l'impérieuse nécessité d'agir sur un monde dont ils perçoivent bien les limites et les écueils. Il faut pour cela une bonne dose de liberté, une distance par rapport aux injonctions du conformisme ou du défaitisme ou bien une impulsion – un désir, une pression, une conviction, une intuition. « Ce qui est agissant, explique Jean-Pierre Bideau, l'un des fondateurs de La NEF, c'est ce que les gens ne disent pas. C'est ce qui les anime qui est parfois conscient, et parfois inconscient. » Il serait facile de baisser les bras. Mais ils sont poussés pour aller de l'avant. Ils ont l'intime sentiment de remplir une mission dont la motivation vient d'ailleurs : une utopie, un rêve, une espérance : « le mirage qui fait démarrer la caravane » comme disait Henri Desroche. Ils conçoivent quelque chose qui répond à une aspiration, mais qui n'est pas qu'un simple artifice d'organisation : c'est une vision qui vient de l'esprit. Quelque chose qui relève bien plus du spirituel que du matériel : il ne s'agit pas de faire une banque, mais de rendre l'humain plus humain, les relations plus fraternelles, le monde meilleur. Difficile en français de trouver le mot précis qui ne colore pas de suite un tel processus de connotations souvent réductrices. En bon germaniste qu'il est, Jean-Pierre Bideau, explique en quoi l'allemand, de ce point de vue, est une langue plus subtile : « En français, quand on dit spirituel, on pense tout de suite religieux. L'allemand dispose pour sa part de deux mots. L'adjectif *geistig* qui a donné die *Geistigkeit* désigne tout ce qui relève de la spiritualité, mais sans l'affubler de cette connotation religieuse que le mot prend dans l'esprit cartésien des Français ; pour parler du religieux, l'allemand emploiera plutôt l'adjectif *geistlich* (qui a donné par exemple *die Geistlichkeit* qui désigne le clergé). On dispose donc de deux notions pour parler de la dimension spirituelle de l'homme, l'une qui renvoie au religieux, l'autre qui n'y renvoie pas. » On pourrait presque dire que La NEF est une *Geistigkeit* en action.

Altruisme

L'aventure de La NEF part d'un postulat qui réfute la vision de l'homme comme un être purement égoïste. Citant Rudolf Steiner, Jean-Pierre Bideau reconnaît la réalité de ce caractère lorsqu'il s'exprime par exemple dans le rapport d'une mère qui protège son petit. Mais il en montre aussitôt le côté négatif si l'on devait étendre ce comportement « naturel » au fonctionnement de l'ensemble du corps social. Comme disait Emmanuel Lévinas : « La civilisation commence quand tu donnes à l'autre la priorité sur toi-même. » Heureusement, la réalité dément que l'homme ne soit qu'un loup pour l'homme et de nombreux comportements montrent que la coopération prime sur la concurrence et la compétition et que l'altruisme est une attitude plus répandue qu'on ne le dit. Qu'elle est même fondamentale dans ce qui constitue l'être humain dans ses relations avec les autres. Et c'est bien cette conviction, un changement de paradigme pourrait-on dire, qui animait réellement les pionniers de La NEF, comme elle animait, quelques années auparavant, les créateurs de son homologue allemande (la GLS) : « Est-ce que l'altruisme est possible dans le maniement de l'argent, et justement là ? » Ce n'est évidemment pas un hasard, renchérit Jean-Pierre Bideau, si tant d'institutions anthroposophiques s'occupent d'enfants handicapés. Mais ce qui pourrait paraître évident ici (se consacrer aux plus fragiles) vaut aussi là où on l'attendrait le moins : dans le monde de la finance et de l'argent. Or c'est bien là que voulaient agir les promoteurs de La NEF. On se fourvoierait en résumant prosaïquement le démarrage de l'aventure à la nécessité pour quelques écoles en manque de financement de trouver de l'argent. À la base, la question est bel et bien : « Est-il possible de mettre en œuvre un maniement altruiste de l'argent ? » En adoptant son slogan (pour que l'argent relie les hommes), la société financière de la Nef ne s'offrait pas une formule sympathique de communication. Elle affichait en vérité cette ambition première d'utiliser l'outil monétaire comme un facteur de lien, de cohésion et de partage. La NEF se voulait, dès le début, un exercice d'altruisme appliqué.

Expérimentation

D'exercice à expérimentation, il n'y a pas loin dans le dictionnaire, et encore moins dans les faits. Vouloir rendre vivante la démonstration de l'altruisme dans les relations financières peut paraître relever de l'injonction paradoxale ou de la pure utopie. Pourtant c'est bien de cela que les fondateurs de La NEF veulent faire l'expérience, approuvant en action cette réflexion de l'économiste indien, Prix Nobel de l'économie en 1998, Amartya Sen : « Il est difficile de croire que de vraies personnes pourraient être complètement hors d'atteinte de la réflexion que suscite la question socratique : Comment doit-on vivre ? » Si l'exercice vaut d'être tenté, c'est qu'à leurs yeux, non seulement il est nécessaire, mais qu'il est aussi possible, si tant est qu'on le veuille : « Quand on veut on trouve le chemin, quand on ne veut pas on trouve des raisons. » Le chemin qu'ils emprunteront est d'abord celui de l'expérimentation. Avec une humilité qu'ils estiment être le premier pas pour avancer dans la vie, ils vivent ce qu'ils vont faire comme quelque chose qui relève à la fois de l'expérience de laboratoire, de la recherche et de la confrontation à la pratique. Expérimenter c'est mettre en actes des idées, c'est incarner une vision du monde. C'est prouver la force agissante d'une conviction (oui, l'altruisme peut être moteur de transformation et d'action), c'est démontrer la fausseté d'un théorème (l'homme est un être mû par son seul intérêt personnel), c'est établir une autre vérité. « Seul est vrai ce qui est fructueux » : cette sentence de Goethe, les créateurs de La NEF en ont fait l'étalon selon lequel établir la pertinence de leur action. Ils essaient de construire quelque chose, ils mettent en mouvement un processus, commencent petitement en travaillant sur un cas d'école qu'ils reproduiront ensuite à plus grande échelle et dans un contexte différent et dont ils mesureront les résultats : « Ce que nous avons fait est-il fructueux ou non fructueux ? » Si les fruits sont là, l'affaire est gagnée, l'on peut continuer, aller plus loin, communiquer à d'autres la bonne nouvelle qu'en aucun cas on ne gardera pour soi seul. Le travail engagé est fait au bénéfice de tous, s'adressant, pour reprendre une dédicace d'Henri Nouyrit, un autre des fondateurs de La NEF, *« aux citoyennes et citoyens qui au cœur de la société civile veulent être fraternels dans la vie pratique, égaux dans le droit et libres dans la pensée. »* [1]

---

(1) Dédicace de *Fraternité, Egalité et Liberté, Actualité de la pensée sociale de Rudolf Steiner* d'Henri Nouyrit, éditions Triades, 2002, page 5.

Guérison

« On est actuellement frappé par l'abondance et souvent la grande qualité des analyses de la situation contemporaine du monde (...) Or, on peut être non moins frappé par la faiblesse des propositions aussi bien pour penser que pour réaliser les transformations nécessaires pour assurer l'avenir même de la société humaine. » Faisant cette constatation en 2002, Henri Nouyrit cite en exemple un article de Stanley Hoffmann, professeur de civilisation française à l'Université de Harvard, paru dans *Le Monde* et intitulé : « Le triste état du monde ». *« Nous avons là une description et un bilan très détaillés et extrêmement pertinents (plus d'une page entière du* Monde*) d'une situation de notre société considérée par son auteur comme catastrophique. »* Henri Nouyrit commente : *« Mais qu'en est-il de ses idées sur ce qu'il faudrait faire pour « en sortir » ? Elles tiennent en vingt lignes, nous renvoient à deux autres professeurs américains dont il ne nous dit presque rien, dont nous percevons tout au plus qu'ils entretiennent un débat sur le degré nécessaire d'intervention de l'État et sur le rôle de « l'individu comme être capable de raison et acteur social » ! On n'a donc rien appris. »*

Henri Nouyrit ne sacrifie nullement ici à un anti-intellectualisme qui ne lui ressemble guère (il salue du reste au passage Pierre Bourdieu), mais met le doigt sur nos incapacités à avoir des pensées agissantes. Devant le mal (« le triste état du monde » du professeur Hoffmann), il faut trouver les remèdes et apporter la guérison. Une métaphore qu'on retrouve ailleurs dans les interventions des acteurs de La NEF qui, sous cette formulation, affichent leur volonté d'une transformation sociale « fructueuse » qui passe par l'effort de chacun. *« L'économie « objectivement fraternelle »,* écrit encore Henri Nouyrit, *suppose une évolution intérieure des acteurs, pour conduire à une transformation profonde des rapports entre les personnes. Cela ne s'opère que par l'implication personnelle dans un processus en quelque sorte pédagogique. »* Chacun de ces mots a son importance. Le « processus en quelque sorte pédagogique » n'est-il pas l'expérimentation grandeur nature effectuée avec la création des outils financiers opérée tout au long de sa vie par La NEF ? « L'implication personnelle » n'est-elle pas la traduction sociale de l'altruisme dont chacun a besoin pour se révéler à lui-même dans sa relation avec les autres ? « L'évolution intérieure des acteurs » n'évoque-t-elle pas cette dimension sprirituelle que les Allemands nous invitent à ne pas assimiler à la religion ? La réponse aux maux de la société, disent en substance ceux qui ont la prétention folle d'inventer une autre façon d'être banquiers dans un monde où ce métier incarne justement les dérives et les désastres d'un système économique sans foi ni loi, la réponse aux maux de la société est entre nos mains. Il faut, la formule est toujours d'Henri Nouyrit, participer fort, parler vrai, agir juste. *« On a besoin,* dit-il encore, *que les pensées soient vivantes et s'incarnent dans des réalisations guérissantes. »* [2] Une pensée vivante, une réalisation guérissante : en voici donc une, dont l'histoire commence, comme souvent, par une rencontre.

(2) Henri Nouyrit, *Fraternité...*, pages 16, 17 et 18.

Chapitre 1

Fondations

« Il ne s'agit pas de nous livrer ici au culte des ancêtres, il s'agit simplement de connaître la plante toute entière, des rameaux aux racines »

Henri Nouyrit [1]

L'itinéraire d'Henri Nouyrit

Le 24 juin 1950, la préfecture du département du Lot, Cahors, s'apprête à vivre un événement exceptionnel. Ce jour-là, Cahors devient « Ville du monde » : *Cahors mundi.* Loin de n'être que du folklore, la manifestation s'inscrit dans ce mouvement d'après-guerre où la citoyenneté mondiale et la paix entre les peuples sont portées comme un idéal atteignable grâce à la mobilisation des citoyens. Gary Davis, l'ancien pilote de bombardier américain Garry qui, le 25 mai 1948, avait rendu son passeport au consulat des États-Unis à Paris en se proclamant « citoyen du monde » est de la cérémonie ainsi que le Prix Nobel de la Paix 1949, l'Écossais Lord Boyd Orr, fondateur de la FAO (l'organisation des Nations-Unies pour l'alimentation et l'agriculture). Partout des drapeaux de tous les pays flottent

(1) Henri Nouyrit lors de son discours d'inauguration de la Société financière de la Nef, le 11 mars 1989.

dans la ville. Du balcon de la mairie, Lord Boyd Orr proclame : « *Le travail dans lequel vous vous êtes engagés est le plus important qui existe aujourd'hui en faveur de la paix.* » Au pied du bâtiment, une foule en liesse de près de 5 000 personnes applaudit et, au son du premier mouvement de la première symphonie de Beethoven, un feu d'artifice inaugure la Route Mondiale de la Paix près du Pont Valentré. Dans cette foule, un jeune homme de 19 ans participe à cette ferveur populaire et humaniste. Cadurcien par son père, il s'appelle Henri Nouyrit et se souviendra très précisément de cet événement, 51 ans plus tard : « *J'étais dans la foule des Cadurciens, au pied du balcon de la mairie, quand Lord Boyd Orr a proclamé Cahors « ville du monde » en juin 1950, n'en croyant pas mes oreilles, mais tout à fait enthousiaste !* » [2]

Henri vit dans un milieu intellectuel riche de rencontres et de culture. Son père, originaire du Lot, est violoncelliste à l'opéra de Paris. Il joue aussi dans l'orchestre Pasdeloup, fondé en 1861 sous le nom des « Concerts populaires », dont l'objet est d'amener la musique à un public qui ne fréquente guère les salles de concert. Sa mère, issue d'un milieu athée et franc-maçon est secrétaire au Palais de Justice de Paris et cultive l'esprit voltairien de sa famille, originaire du Nord. Au moment où la guerre va éclater, en août 1939, la famille quitte la région parisienne et va s'installer dans la vieille maison paternelle à Cahors, dans laquelle le père d'Henri crée une école de musique et sa mère une pension de famille, vite remplie par l'exode de mai-juin 1940. Henri a 9 ans. La maison est ouverte à tous vents, elle voit passer des musiciens, des intellectuels, on parle art et culture, les tablées sont souvent nombreuses. Le gamin grandit dans cette atmosphère d'effervescence et de découvertes, il apprend le violon avec son père, pratique le scoutisme. Il jouit d'une grande liberté, fait des balades dans la campagne, joue, découvre la nature

(2) Lettre du 17 avril 2001 à Robert Sarrazac, ainsi que les citations dans le paragraphe suivant.en vue de faciliter leur insertion professionnelle. Elle met en œuvre des modalités spécifiques d'accueil et d'accompagnement. »

et apprend dans le cadre à la fois très libre et rigoureux du scoutisme, les notions de règle, de devoir, de morale. Pour lui, se vit là un premier engagement fort et la découverte progressive de la religion qui répond à son besoin de satisfaire une sensibilité spirituelle aiguisée.

À la fin de la guerre, en 1945, la famille demeure à Cahors. Le père, artiste et excellent pédagogue, développe son école de musique et fonde un orchestre dans la ville. La mère, pragmatique, ouvre un bureau d'assurance. Henri fait énormément de musique, ne va pas jusqu'au bout de ses années de lycée et, travaillé par sa recherche spirituelle, se convainc petit à petit de sa vocation religieuse : il sera prêtre et deviendra missionnaire pour porter le message évangélique aux peuples du monde. Il décide donc d'apprendre les langues de ceux qu'il ira évangéliser, quitte le Lot et s'inscrit en 1951 aux Langues Orientales à Paris où il se met studieusement au peul, au bambara et à l'arabe.

À Paris, Henri découvre un milieu intellectuel dominé par le marxisme : « *Je fus rapidement rebuté, après la Libération, par l'agressivité et la négativité de mes camarades nombreux qui se réclamaient du marxisme et déifiaient Staline.* » Son cœur penche plutôt du côté des utopies humanistes comme celle défendue par Boyd Orr, encore que son enthousiasme de 19 ans n'en était pas moins légèrement tempéré : « *Je dois avouer que Lord Boyd Orr m'avait fait rêvé avec un certain amusement, mais ce sont* [Robert] *Schuman et* [Jean] *Monnet qui m'ont ouvert la voie de l'action.* » Il avait ressenti comme « un acte fondateur » – ce sont ses propres mots – la déclaration de Robert Schuman [3] du 9 mai 1950 dans laquelle le ministre français des Affaires étrangères proposait la création de la Communauté européenne du charbon et de l'acier, embryon de l'Union eu-

---

(3) Robert Schuman (1886-1963), ministre sous les III° et IV° République, fut notamment ministre des Affaires étrangères et président du Conseil. Il est considéré comme l'un des pères de l'Europe et sera le premier président du Parlement européen de 1958 à 1960.

ropéenne, dont la première phrase n'est pas sans rappeler la grande fête de Cahors : « *La paix mondiale ne saurait être sauvegardée sans des efforts créateurs à la mesure des dangers qui la menacent.* » Mais, plus encore que le ministre, c'est la personnalité de Jean Monnet [4], l'autre père de l'Europe, qui l'impressionnera : « *J'ai eu la chance d'avoir l'âge des grands enthousiasmes au moment où Jean Monnet jetait justement des ponts entre les forteresses ruinées qu'étaient les nations de l'Europe (...) C'est lui au fond qui aurait pu être le* Pontifex Maximus *de mon ordre imaginaire.* » [5] C'est dit : Henri Nouyrit sera européen. Il adhère l'année suivante aux Jeunesses fédéralistes européennes, un mouvement de jeunes qui milite contre la reconstruction d'un système d'États-Nations en Europe : « *Le fédéralisme était ma voie pour retrouver le passage acceptable vers l'Allemagne dont la musique était aussi un peu ma patrie.* » À cette époque, Henri fréquente également Vercors et sa compagne Rita Barisse mais il ne partage guère les espoirs que l'écrivain fondait encore sur un « communisme humaniste ». Les références philosophiques du jeune Henri sont ailleurs : elles « *allaient de Mounier à Teilhard de Chardin, avec un retour en arrière vers Proudhon.* »

Chez sa tante et marraine, il rencontre en 1953 une jeune Hollandaise d'Amsterdam, Catherine, venue comme fille au pair pour s'occuper des cinq enfants de la tante. Elle deviendra son épouse et il apprendra sa langue – ce qui lui permettra en 1984 une facétie lors de son discours de réception des insignes de Chevalier de la Légion d'honneur. Il s'adressera directement à son épouse (« *Lieve Toke ik ben gelukkig Klaar met dit verhaal...* », etc.), ajoutant aussitôt, à destination de l'auditoire ignare : « *Le grand mérite du néerlandais, c'est qu'il permet de sauvegarder une certaine intimité même en public.* »

---

(4) Jean Monnet (1888-1979), fonctionnaire international, fut l'un des artisans de la planification française après la seconde guerre mondiale et l'un des principaux fondateurs de l'Union européenne.

(5) Discours d'Henri Nouyrit pour sa réception des insignes de Chevalier dans l'ordre de la Légion d'Honneur, Paris, 18 avril 1984.

Fin 1956, après son service militaire, Henri retrouve sa femme à Paris. Le couple ne sait pas encore précisément ce qu'il va faire. Henri partirait volontiers en Afrique s'établir à Dakar, mais Catherine n'imagine pas aller si loin. Vu de Hollande, le Sud de la France est pour elle le maximum de l'exotisme ! Et puis, la famille accueille son premier enfant, une petite Corinne, en 1957. C'est le moment d'une nouvelle rencontre décisive. Une amie de sa mère possède dans le Lot une ferme pour laquelle elle recherche un fermier. Elle en parle à Henri et Catherine : « Mais, dis donc Henri, toi, tu ne voudrais pas t'occuper de ma ferme ? » Le couple décide alors de quitter Paris et arrive en janvier 1958 sur la ferme du Serpoul, dans la commune de Cabrerets – dont Henri Nouyrit deviendra maire, 43 ans plus tard. Ni Henri ni Catherine ne connaissent le métier et ils apprennent sur le tas, avec l'aide précieuse et bienveillante des paysans du coin. La ferme est grande, mais avec peu de terres labourables et le sol aride du causse, il faut batailler dur pour en tirer un revenu. Ils y cultivent un peu de tabac, y élèvent quelques vaches et surtout des chèvres dont Catherine transforme le lait en fromages. L'expérience durera cinq ans, au cours desquels deux autres enfants naîtront. En dehors de la ferme, Henri s'investit dans la vie professionnelle agricole : il participe à la création des premières Cuma lotoises (les coopératives d'utilisation de matériel agricole) et devient même président des Jeunes agriculteurs de la région. Très impressionné par les pratiques collectives des agriculteurs hollandais qu'il a découvertes par sa femme, il est persuadé que l'avenir de l'agriculture passe par plus de travail en commun, plus d'entraide, plus de coopération. Il constate sur sa propre ferme les limites (économiques entre autres) du travail individuel, finit par abandonner le Serpoul en 1963 et tente pendant six mois de travailler en commun avec un agriculteur voisin. Mais les bases de ce projet collectif, sans doute insuffisamment préparées, conduisent rapidement à l'arrêt de l'expérience. Ces cinq années de pratique agricole ont permis à Henri de bien connaître le milieu, d'avoir mis un pied dans les organisations du secteur, de s'être persuadé de la pertinence du modèle coopératif tout en ayant continué à se passionner pour la dimension européenne qui s'impose alors (la politique agricole commune, la fameuse PAC, créée en 1957 par le traité de Rome, est mise en place en 1962). Le couple remonte à Paris et Henri abandonne le tracteur pour le stylo en devenant journaliste spécialisé sur les questions agricoles et européennes. Là, commence vraiment ce qui sera, désormais, toute sa carrière professionnelle.

Henri est embauché en 1963 au sein de ce qui deviendra en 1966 la Confédération française de la coopération agricole (CFCA) [6]. Il est immédiatement envoyé là où l'actualité agricole se passe désormais : Bruxelles. Il y restera trois ans, cumulant une activité de journaliste et de représentant des coopératives agricoles auprès de la Communauté économique européenne. En 1967, il est rappelé à Paris au siège de la CFCA. Dès lors, Henri Nouyrit va jouer un rôle de plus en plus important au sein de la confédération, autant au niveau français qu'européen. Il sera responsable des relations internationales en 1967, responsable du service économique et des relations internationales en 1970, enfin directeur de la CFCA en 1981. Parallèlement, il assumait des responsabilités, là aussi de plus en plus importantes, au sein de la Confédération générale de la coopération agricole, l'organisme de représentation professionnelle de toutes les coopératives agricoles européennes : membre du comité directeur en 1963, vice-président en 1979, président en 1983. Durant toutes ces années, il écrit beaucoup, fait de nombreuses conférences sur l'Europe et sur l'agriculture, participe aux négociations européennes touchant le monde agricole, rencontre des journalistes, des fonctionnaires, des responsables professionnels, des politiques et se constitue un carnet d'adresses dont il fera bénéficier plus tard La NEF.

Famille, femme et enfants, suivent. À Bruxelles d'abord (de 1963 à 1966) où les enfants sont inscrits dans l'école locale. Conformément aux pratiques pédagogiques belges, ils apprennent le néer-

(6) Organisation qui réunit toutes les coopératives agricoles françaises. Elle existe toujours sous le nouveau nom (depuis 2003) de « Coop de France ».

landais et font de la musique l'après-midi. De retour en France, les enfants ont 10 ans (Corinne), 8 ans (Nicole) et 6 ans (François, le petit dernier). Les retrouvailles avec l'école française ne se font pas sans heurts. L'école est non mixte et l'institutrice veut faire redoubler Corinne au prétexte qu'elle aurait appris le néerlandais au détriment du français. Elle lui reproche aussi de ne pas faire ses devoirs à la maison – il est vrai que Catherine et Henri pensaient qu'il était plus important, qu'après une journée d'école, elle puisse prendre le temps de faire de la musique. Et puis, de toute façon, assène l'institutrice : « L'école française est la meilleure d'Europe ! », point. Catherine est effarée... Mais c'est encore avec Nicole et François que la situation sera la plus difficile. La première est myope, le second est dyslexique, et « la meilleure école d'Europe » est incapable d'intégrer chaque enfant avec ses particularités et ses difficultés. Les deux enfants n'arrivent pas à trouver leur place dans un fonctionnement pédagogique rigide, uniforme et sûr de lui.

Un petit tract dans la boîte aux lettres des Nouyrit va tout changer. Dans une commune voisine, à Chatou, existe une école qui prône une pédagogie différente. Elle s'appelle l'école Perceval, existe depuis 1957 et fait partie des « écoles Steiner-Waldorf » de France. Elle accueille de la maternelle au lycée, revendique une « pédagogie humaniste, ouverte sur le monde et respectueuse de l'enfant dans toutes ses dimensions ». Justement, elle organise une journée portes ouvertes et y invite qui veut venir la découvrir. Les parents Nouyrit n'en ont jamais entendu parler mais Catherine voit là une occasion de, peut-être, trouver une alternative à l'école dans laquelle ses enfants se trouvent si mal. Elle s'y rend, curieuse. Le jeune professeur qui l'accueille a 28 ans. C'est sa première année d'enseignement. Il s'appelle Jean-Pierre Bideau.

L'itinéraire de Jean-Pierre Bideau

Dans le vaste champ des pédagogies nouvelles, les écoles Steiner (aussi appelées Waldorf) tiennent une place particulière. D'abord, parce qu'en matière de pédagogie « nouvelle », elles ne le sont plus tant que ça puisqu'elles naissent en Allemagne dans les années 1920 autour d'un personnage sur lequel on reviendra : Rudolf Steiner (1861-1925). Ensuite, parce qu'elles s'inscrivent dans un mouvement international qui revendique aujourd'hui 1000 écoles et plus de 2000 jardins d'enfants, accueillant quelques 250 000 élèves de par le monde. En vérité, la plupart des 1056 écoles recensées en 2014 sont concentrées en Europe (68%). En dehors du vieux continent, c'est aux États-Unis qu'on en trouve le plus (11,5%). L'Europe du Nord et du centre [7] regroupe à elle seule près de la moitié des écoles (517) dont la majorité est située en Allemagne (232), aux Pays-Bas (89), en Suède (45), en Suisse et en Norvège (32 chacune). En France, il n'y a que 22 implantations qui accueillent environ 2500 élèves dont les plus anciennes sont celles de Strasbourg, Verrières-le-Buisson et Chatou.

Rudolf Steiner crée la première école qui portera son nom en 1919, à Stuttgart, pour les enfants des ouvriers de l'usine du cigarettier Waldorf-Astoria. C'est l'industriel Emil Molt qui avait fait appel à lui dans le but de mettre en forme une pédagogie où l'altruisme et le cosmopolitisme trouveraient leur place. Il avait mis des locaux à la disposition du projet et la première classe avait ouvert en septembre 1919. Des personnes vont se passionner pour ce projet, y compris en dehors des frontières de l'Allemagne. C'est en particulier le cas d'une Française, Simonne Rihouët [8], devenue, après son mariage avec le juriste Paul Coroze, Simonne Rihouët-Coroze. Née

---

(7) Allemagne, Autriche, Belgique, Danemark, Finlande, Norvège, Pays-Bas, Suède et Suisse.

(8) D'après le chapitre 21 (« Le renouveau de l'après-guerre, Simonne Rihouët ») du livre de Irène Diet, *Jules et Alice Sauerwein et l'anthroposophie en France*, 1999.

en 1892 dans une famille catholique originaire de Bretagne, licenciée de philosophie à l'Institut catholique de Paris à 20 ans, elle découvre les œuvres de Steiner un an plus tard et va, en 1913, écouter le philosophe venu faire une conférence à Paris. Dès lors, elle n'aura de cesse, avec d'autres, de se consacrer à la diffusion des idées de Rudolf Steiner en France, une mission qu'elle poursuivra jusqu'à sa mort en 1982, traduisant ses textes, écrivant en 1950 une des premières biographies qui lui est consacrée (*Rudolf Steiner, Une épopée de l'esprit au xxe siècle*), organisant des conférences, créant en 1952 puis dirigeant les éditions et la revue *Triades* dont l'objet est de faire connaître en langue française la pensée de Steiner. Elle se rend en Allemagne dès 1920 pour découvrir *de visu* la première école et sera, après la guerre, à l'origine de la première école Waldorf parisienne, rue d'Alésia, en 1955. Simonne Rihouët-Coroze sera l'une des plus grandes prosélytes de la pédagogie Steiner en France et jouera ainsi le rôle de « passeur » pour de nombreuses personnes, parmi lesquelles une jeune fille de 14 ans, Henriette, orpheline de père, à qui elle conseille de se rendre en Allemagne pour suivre les cours dispensés dans la nouvelle école de Stuttgart. Henriette y passera deux à trois ans hébergée dans une famille allemande, apprendra la langue et rencontrera Steiner. Une expérience qui la marquera toute sa vie et qu'elle approfondira ensuite en découvrant et étudiant la philosophie de Steiner : l'anthroposophie.

Quelques années plus tard, Henriette rencontre celui qui deviendra son mari, Marcel Bideau, un professeur d'allemand originaire du Massif central, auquel elle fait découvrir l'anthroposophie, que celui-ci étudiera avec sérieux et rigueur avant de s'en réclamer. Ensemble, ils repartiront en Allemagne dans les années 1930 en tant que lecteurs à l'université d'Erfurt. Mais la montée du nazisme dont ils sont témoins les oblige à rentrer rapidement en France où naîtra en 1936 leur premier fils. Trois ans plus tard, le couple attend l'arrivée de son deuxième bébé lorsque la guerre se déclare. Marcel étant mobilisé à Nevers, c'est là que le bambin, Jean-Pierre, voit le jour, mais c'est au Havre que les aléas de l'époque les conduisent pour toute la durée de la guerre. Jean-Pierre grandit là pendant que son père, engagé dans la résistance, cache des gens, écrit dans un journal clandestin et sert d'agent de liaison avec les Anglais – la médaille de la Résistance lui sera attribuée en reconnaissance de son action.

À la fin de la guerre, la famille déménage... en Allemagne. Les deux parents sont nommés au lycée français de Baden Baden. De 7 à 15 ans, Jean-Pierre grandit donc dans un milieu germanophone, d'autant que Marcel et Henriette refusant de vivre dans les casernements français (la plupart des élèves sont les enfants des militaires stationnés en Allemagne), la famille s'est installée en ville. Immersion totale pour Jean-Pierre qui apprend l'allemand avec ses copains du voisinage : « Nous habitions dans une maison réquisitionnée et, au début, les relations avec les enfants du quartier étaient un peu difficiles... Mais les enfants sont plus raisonnables que les adultes : ils ne vont pas se battre éternellement, alors ils jouent, ils se parlent et c'est ainsi que je suis devenu bilingue ! »

De retour en France en 1954, Jean-Pierre poursuit une scolarité un peu chaotique : « J'étais un assez mauvais élève, je préférais faire des bêtises que de travailler... Mais dans une famille d'enseignants c'est tout de même très difficile de ne rien faire en classe et j'ai donc, mollement, passé mon bac de sciences. » L'examen en poche, Jean-Pierre, qui a grandi avec des parents tous deux professeurs d'allemand et versés dans l'anthroposophie, a deux certitudes – de ces certitudes de jeunesse dont il faut parfois se méfier : il ne veut entendre parler ni d'anthroposophie, ni d'enseignement ! Il passe donc le concours d'entrée de la prestigieuse école vétérinaire de Maisons-Alfort et entame des études... qu'il arrêtera au bout de deux ans à cause d'une violente fièvre de Malte (une brucellose contractée auprès des vaches). Le jeune homme est obligé d'interrompre ses études et s'interroge sur son avenir : « Je m'étais rendu compte qu'il était impossible d'avoir une vie privée ou familiale en étant vétérinaire rural. Or je voulais avoir une vie en dehors du travail et, surtout, je me suis aperçu que j'avais beaucoup plus envie de m'occuper des humains que des animaux ! » Il s'inscrit à l'université, se marie entre-temps et obtient une licence en sciences naturelles.

De son côté, Henriette Bideau avait quitté l'Éducation nationale et travaillait depuis quelques années dans l'école Steiner de Chatou. Les responsables de l'établissement étaient justement en recherche d'un nouvel enseignant et, sachant que le fils d'Henriette venait de terminer ses études, avaient décidé de lui proposer de les rejoindre. Jean-Pierre est donc contacté : « Ne me demandez pas pourquoi j'ai accepté, je n'en sais strictement rien ! » C'est ainsi que l'ex-étudiant vétérinaire qui ne voulait entendre parler ni d'enseignement, ni d'anthroposophie, est devenu professeur dans une école Steiner !

Une rencontre parents professeur

Prônant une approche individuelle des enfants, la pédagogie développée dans ces écoles s'appuie sur des outils spécifiques et une démarche originale [9]. Il s'agit d' « accueillir chaque enfant comme une personne unique, d'établir avec lui une relation de confiance réciproque et de lui permettre ainsi de découvrir, de déployer et de mettre en valeur ses capacités et ses potentialités » comme le professe le mouvement international des écoles Steiner-Waldorf. Suivis en général par le même professeur principal sur toute la durée de leur scolarité primaire, les élèves ne sont notés qu'à partir du collège. La maternelle – appelée ici jardin d'enfant – met la priorité sur l'éveil de l'enfant. On ne cherche donc pas à lui faire acquérir le plus tôt possible des apprentissages scolaires, mais plutôt à éveiller par le jeu sa créativité. Tout au long de la scolarité, beaucoup de temps est consacré aux activités manuelles, d'expression, artistiques. On fait du jardinage, du tricot, du modelage, de la peinture,

(9) Ce passage s'appuie sur l'analyse proposée par Catherine Piraud-Rouet : Écoles différentes, Des pédagogies pour apprendre et grandir autrement, éditions Fabert, 2010.

du chant, de la danse. Une grande place est accordée à l'expression corporelle au travers d'une discipline spécifique, l'eurythmie, qui combine paroles, musique et mouvements du corps. On crée beaucoup dans les écoles Steiner : dessins, théâtre, poésie... Les enfants sont invités à travailler sur des « chefs d'oeuvre » qu'ils présentent lors de fêtes ou de journées portes ouvertes pour présenter l'école. L'enseignement n'est donc pas focalisé uniquement sur un apprentissage livresque ou technique dans une démarche purement théorique ou intellectuelle. La compétition est exclue de la philosophie de l'école qui préfère valoriser chacun dans ce qu'il a de propre et privilégie la découverte par l'apprentissage et la coopération plutôt que la transmission d'une grande masse de savoirs donnée par les seuls professeurs. L'altruisme est mis en avant et le développement d'une conscience que nous appellerions aujourd'hui écologique valorisée au travers des sorties ou des activités liées à l'environnement. Enfin, bien que laïques, ces écoles dispensent des cours de religion. Elles s'appuient par exemple sur des fêtes religieuses pour fêter les saisons. S'il n'y a pas d'instruction religieuse, on y apprend l'histoire des religions.

Certains aspects de cette pédagogie présentent sous des vocables spécifiques une dimension qui, vue de l'extérieur, peut paraître ésotérique. Ainsi l'eurythmie est également appelée « discours visible » ou « chant visible » ; l'évolution de l'enfant par « septenaires » (période de 7 ans) correspond, selon la pensée de Steiner, à l'épanouissement successif dans chaque personne de trois corps : un « corps physique », un « corps de vie » et un « corps psychique ». De telles formules ont encouragé des interprétations malveillantes dont se sont emparées certaines personnes pour décrire de manière violemment critique ces écoles en particulier, et l'anthroposophie en général – on reviendra en détail dans le chapitre 6 sur ces accusations et leurs répercussions sur La NEF. Les Nouyrit ont plutôt vu dans tout cela la réponse adaptée aux besoins spécifiques de leurs enfants, besoins nullement pris en compte dans l'établissement scolaire où ils les avaient inscrits à leur retour de Bruxelles.

Si ni Henri ni Catherine Nouyrit ne connaissaient alors la pédagogie Steiner et qu'ils auraient été bien en peine de dire en quoi elle consistait, ils ont néanmoins très vite ressenti que ce qui se vivait dans cette école conviendrait à leurs enfants et correspondait en grande partie à l'éducation qu'ils souhaitaient pour eux. Sans nul doute, ils ont été touchés par la place que l'art, et la musique en particulier, y tient. Catherine a pu y retrouver certains aspects des modèles éducatifs qu'elle avait connus en Hollande, ou plus récemment en Belgique. Henri ne pouvait être que sensible à l'atmosphère de coopération promue dans un enseignement où la compétition et la concurrence entre les enfants ne sont nullement recherchées et où chaque enfant est accepté tel qu'il est. En tout cas, lorsque trente-cinq ans plus tard il décrira à grands traits les spécificités des écoles Steiner dans son petit livre *Fraternité, Égalité et Liberté*, c'est un des aspects sur lequel il insistera : *« Rien, dans l'approche de la connaissance de l'homme de Steiner et dans la sociologie ou la pédagogie qui en découlent, ne ressemble à un classement des êtres à l'aide d'un Q.I. (ou de quoi que ce soit d'analogue). Bien au contraire. Ainsi le «classement» n'existe-t-il pas dans les écoles Steiner, précisément parce que ce serait ouvrir la porte à l'idée que la bosse des maths ou une éloquence particulièrement développée conféreraient une sorte de «supériorité sociale». Ce qui est visé, c'est plutôt de faire ressentir toute la force intérieure, la confiance et la connaissance de soi que confère l'effort personnel, quel qu'en soit le domaine d'application, et de montrer que chacun possède des dons avec lesquels il peut être utile aux autres. Cultiver l'équilibre entre penser, sentir et vouloir (ce que Steiner dénomme* les trois forces de l'âme*) dans chaque être, conduit en pédagogie par exemple, à ne pas privilégier une intellectualisation précoce chez les plus doués, à développer aussi leur sensibilité artistique. Chez les artistes instinctifs, par contre, c'est le rôle de la pensée que l'on stimulera. Pour tous, les travaux manuels développeront le pôle volontaire et la juste perception des rapports entre l'esprit et la matière. »* [10] Henri qui était passé du tracteur au

(10) Henri Nouyrit, *Fraternité, Égalité et Liberté, Actualité de la pensée sociale de Rudolf Steiner*, Triades, Paris 2002, page 97.

stylo, de l'étable lotoise au bureaux bruxellois, qui continuait à pratiquer le violon et jouait avec ses enfants (Corinne au piano, Nicole à la flûte traversière et François au violoncelle), Henri, polyglotte, chrétien, européen et actif militant coopératif, savait plus que tout autre que l'individu est multiple et ne saurait être cantonné à un rôle, une fonction, un talent, une qualité. Qu'il est, pour reprendre une formule de Steiner, à la fois corps, âme et esprit. [11]

À l'époque, il n'en est cependant pas encore là et, du reste, il laisse Catherine aller seule à la journée portes ouvertes de l'école Perceval de Chatou. Jean-Pierre Bideau se souvient de cette Hollandaise un peu désarçonnée par l'école française dans laquelle elle avait mis ses enfants. Il fait ce qu'il fera comme toujours dans ce genre de circonstance : il explique comment se passent les cours, fait visiter les salles de classe, montre les cahiers des enfants, présente les travaux réalisés par les élèves. Tout cela parle immédiatement à Catherine, c'est un véritable coup de foudre ! Jean-Pierre abonde : « Ce qu'elle découvrait lui a tout de suite parlé, parce qu'elle est hollandaise et que les écoles néerlandaises ont beaucoup plus de points communs avec les écoles Steiner que les écoles françaises. »

Malgré le coût relativement élevé de la scolarité, les Nouyrit inscrivent leurs deux plus jeunes enfants à Chatou. François, le petit dernier, est dans la classe de Jean-Pierre qui, comme c'en est la pratique dans les écoles Steiner, le suivra durant huit ans, tout au long de sa scolarité. Catherine, elle, se passionne pour cette expérience pédagogique. Elle participe à tout ce qui se passe dans l'école : réunions de parents, rencontre avec les professeurs, fêtes... Elle achète

---

(11) *« Au moyen de son corps, l'homme peut momentanément se mettre en rapport avec les choses. Au moyen de son âme, il conserve en soi les impressions qu'elles font sur lui. Grâce à son esprit se révèle à lui ce qui est inhérent aux choses elles-mêmes. C'est seulement en considérant l'homme sous ces trois aspects que l'on peut espérer obtenir des éclaircissements sur sa nature. »* Rudolf Steiner, *Théosophie*, Éditions Anthroposophiques Romandes, Genève (1904). Cité par Henri Nouyrit, *Fraternité...*, page 111-112.

les livres de Rudolf Steiner et les lit, se rend aux réunions ou aux conférences organisées pour présenter l'anthroposophie, s'immerge dans un milieu, une pensée et une pratique dont elle ignorait tout auparavant. Elle ramène des livres à la maison, en parle à son mari, l'incite à les lire, mais Henri demeure très sceptique. C'est un esprit plutôt curieux et ouvert, mais il ne s'engage pas à la légère. Il faut auparavant qu'il étudie, qu'il comprenne, qu'il explore. Il a besoin de rencontrer des gens, d'expérimenter, de jauger par lui-même. Pour le moment, il se contente de se réjouir : ses deux enfants sont heureux, ils vont bien et il semble qu'ils aient trouvé leur place. Interpellé par cette pédagogie dont il perçoit les effets positifs sur sa progéniture, il ne s'intéressera que très progressivement à ses fondements intellectuels.

La banque, c'était eux !

Huit ans plus tard, Jean-Pierre Bideau fait une pause dans l'enseignement. Il a besoin de mieux connaître les enfants, et pour cela, décide d'aller passer un an dans une institution pour enfants handicapés, Les Fontenottes, dans l'Yonne : « Travailler avec des enfants handicapés apprend beaucoup de choses pour le métier d'enseignant. » Après huit ans passés à l'école de Chatou, il souhaitait également créer un lieu où seraient accueillis des jeunes ayant des difficultés. Après cette année de transition, Jean-Pierre et quelques personnes avec lui (« On est toujours plusieurs ! » professe-t-il) décident donc de fonder une nouvelle école Steiner dans l'Allier. Elle ouvrira ses portes en septembre 1976 au château de Bouquetraud, avant de s'installer au domaine de La Mhotte – où elle existe toujours. Là, Jean-Pierre Bideau va devoir faire œuvre de gestionnaire et résoudre des problèmes de bâtiments à construire ou à mettre aux normes, financer des projets d'investissement... Il est confronté aux difficultés pour trouver une banque prête à soutenir une école dont la rentabilité économique n'est pas l'objet.

En Allemagne, les écoles Steiner sont moins isolées qu'en France. Le mouvement anthroposophique y est plus développé et depuis 1974 une banque qui se définit comme sociale et écologique a même été créée : la GLS Bank (*Gemeinschaftsbank für Leihen und Schenken*, ce qui signifie « banque communautaire pour des prêts et des dons »). À défaut d'interlocuteurs directs en France, les promoteurs de l'école de Bouquetraud décident d'aller outre-Rhin frapper à cette porte. Jean-Pierre Bideau part donc en Allemagne demander un prêt à la GLS.

Presque quarante ans plus tard, Jean-Pierre Bideau garde un souvenir très précis de cette rencontre. Tous les lundis soirs, l'ensemble du personnel de la banque se retrouvait pour une réunion générale. Ce soir-là, Jean-Pierre doit présenter son école et le projet qu'il souhaite faire financer. Mais, première surprise, il ne se retrouve pas en tête à tête avec quelques chargés de crédit : « Il y avait tout le monde, de la femme de ménage jusqu'au PDG ! Et chacun avait le droit de poser des questions. Je ne dis pas que tout le monde décidait, mais tout le monde pouvait prendre la parole, questionner et donner son avis. J'ai été interrogé sans retenue : – Mais pourquoi vous faîtes cela ? Etc. » Une fois le projet présenté et que Jean-Pierre a répondu aux questions qu'on lui posait, les dirigeants de la banque, seconde surprise, demandent aux trente à quarante personnes réunies si, à leur avis, il fallait ou non financer le projet. « Ce n'était pas le cercle qui décidait, mais il pouvait réagir, dire : – Financer ça ? Vous n'êtes pas bien !? La banque, c'était eux, y compris la femme ou l'homme de ménage, ils étaient tous concernés. Ensuite seulement, ceux qui avaient la responsabilité juridique d'accorder ou non le crédit prenaient leur décision. »

Jean-Pierre avait déjà été étonné en arrivant lorsque, avant la réunion, Wilhelm-Ernst Barkhoff, le fondateur de la banque, l'avait accueilli en lui donnant quelques conseils préalables : « Monsieur Bideau, pour ce soir, ce qui est le plus important, c'est la qualité de votre projet. Donc, je vous préviens tout de suite : si d'un point de vue pédagogique, d'un point de vue humain, d'un point de vue social votre projet est de très, très grande qualité, on vous financera. Bref, si vous nous présentez la plus belle école du monde, et bien on vous financera immédiatement. » Jean-Pierre Bideau qui s'attendait sans doute à ce qu'on lui parle surtout « équilibre économique » n'en croit pas ses oreilles.

Troisième surprise, les banquiers de la GLS lui demandent alors : « Bien, mais maintenant, comment allez-vous garantir le prêt ? Vous n'avez pas de garantie personnelle. Quant aux écoles, si elles mettaient leur bâtiment en garantie, ce serait trop risqué ! Si elles devaient perdre leur bâtiment pour garantir l'emprunt, il n'y aurait plus d'école ! Or ce n'est sûrement pas cela que nous voulons. Donc pas de garantie personnelle de votre part, pas de garantie du côté de l'école... Alors Monsieur Bideau, comment pensez-vous garantir le prêt ? »

- ...

Jean-Pierre Bideau ne sait trop quoi répondre. Il reste silencieux.

- Vous savez pourquoi je vous demande cela Monsieur Bideau ?

- ...

- Parce qu'il faut bien garantir n'est-ce pas ? Moi, je vous prête de l'argent que des gens ont déposé chez nous. Mais si je le prête, il faut qu'il puisse revenir. Autrement dit, vous avez la responsabilité de faire revenir l'argent chez nous comme, moi, j'ai la responsabilité de vous prêter à bon escient. Vous devez donc garantir. Et si vous n'avez pas de garantie personnelle, ni l'école, je vais vous dire comment nous faisons habituellement dans ces cas-là.

Et Monsieur Barkhoff d'expliquer ce qui deviendra le « cercle de donateurs-emprunteurs » : « Si vous trouvez autour de vous x personnes qui sont capables de garantir une toute petite partie de ce que vous empruntez, sans que cette garantie ne les mette personnellement en danger ; si vous en trouvez d'autres qui sont capables de faire un don pour que vous puissiez rembourser – qui sont prêtes à vous donner pendant cinq ans une toute petite somme d'argent – et si ces personnes sont assez nombreuses, alors je pourrai constater que votre projet est vraiment voulu autour de vous, que ce n'est pas seulement vous qui rêvassez tout seul dans votre coin. Et alors, techniquement, tout deviendra possible ! » Jean-Pierre est stupéfait. Il découvrait qu'on pouvait organiser des circulations financières en se basant sur de l'humain – des gens qui s'engagent, qui garantissent, qui donnent... Puis Barkhoff poursuit : « Au bout de cinq ans, si vous avez tout remboursé, vous pourrez recommencer. Vous pourrez dire à tous ces gens : voilà, on a remboursé, et si vous voulez qu'on améliore autre chose, qu'on fasse un nouvel investissement, eh bien ! on peut recommencer. » Une expérience fondatrice pour Jean-Pierre : « Cela montrait, que hors des sentiers battus, nous pouvions créer des formes d'entraide et de circulation de l'argent qui permettent de faire des choses que nous ne pourrions pas faire sans elles. »

De retour en France, Jean-Pierre Bideau se met donc en recherche des personnes qui accepteraient de constituer avec lui le « cercle de donateurs-emprunteurs » dont l'idée lui a été soufflée par Monsieur Barkhoff : des individus qui, pour rembourser l'emprunt qu'ils ont contracté, s'engagent à faire un (petit) don pendant toute la durée du prêt. Ce premier emprunt accordé et ainsi garanti permet les aménagements de la nouvelle école. Jean-Pierre, comme les autres « donateurs-emprunteurs », prend ainsi conscience du pouvoir dont ils disposent avec leur argent : « Contrairement à ce que nous croyions, nous n'étions pas passifs à regarder passer le train de l'économie... Nous pouvons être acteurs de l'économie et y faire des choses qui vont dans le sens d'un progrès humain ! » C'est un peu comme un cadenas qui aurait sauté : « On a toujours l'impression qu'en matière d'économie, on est bridé, coincé, parce qu'on ne sait pas, on ne peut rien ; ce sont les autres qui savent, c'est-à-dire les experts. L'expérience avec la GLS m'a vraiment libéré de cette idée fausse et m'a donné la volonté de faire pour que d'autres personnes se libèrent à leur tour. »

L'expérience est éminemment concluante. Elle a permis également que se créent entre Jean-Pierre et les Allemands de la GLS des liens de complicité et de solidarité. La banque allemande reçoit du reste d'autres demandes de France, des écoles Steiner en particulier qui, comme celle de Jean-Pierre, recherchent des financements qu'elles ne trouvent pas dans le système bancaire classique.

Quelques temps plus tard, Jean-Pierre reçoit une lettre de Rolf Kerler, un des membres fondateurs de la GLS. Il lui explique que la GLS est de plus en plus sollicitée par des institutions françaises. Ce qui était faisable exceptionnellement – presque expérimentalement – ne peut pas, pour eux, devenir la règle. Trois raisons principales sont mises en avant : une raison de bon sens, une raison technique et une raison de fond. La raison de bon sens : les responsables de la GLS, s'ils connaissent bien le contexte de leur pays, ignorent la situation française dont ils sont éloignés. Et leur logique n'est pas d'intervenir là où ils ne sont pas. La raison technique : les fluctuations du mark allemand par rapport au franc français (l'euro n'est pas encore à l'ordre du jour !) entraînent des risques financiers pour l'emprunteur français, qui peuvent être élevés. Avec un mark de plus en plus fort, les remboursements deviendraient de plus en plus élevés, disproportionnellement élevés, et pourraient conduire à fragiliser, voire condamner, le projet soutenu : « Or, explique la GLS, notre but n'est pas de mettre les gens dans une situation insupportable ! » La raison de fond, c'est Wilhelm-Ernst Barkhoff, qui l'avait exprimée à une autre occasion : « Monsieur Bideau, je ne suis pas Dieu le Père. De quel droit puis-je décider que quelqu'un a droit à un prêt et un autre pas ? Je ne peux pas décider cela tout seul depuis l'Allemagne pour un projet qui a lieu à 1 000 kilomètres ! Autrement dit, j'ai besoin d'avoir une perception forte des personnes qui sont autour du projet, de sentir la qualité de ces personnes, de bien comprendre leur projet et leur motivation, et cela, depuis l'Allemagne, je suis incapable de le faire... »

Alors Rolf Kerler en vient à la raison essentielle de sa lettre à Jean-Pierre. Une question. Une proposition. Une invitation à agir : « Pourquoi ne créeriez-vous pas quelque chose en France ? »

Chapitre 2

Impulsions

« Certains disent : "Il faudrait supprimer l'argent !" D'autres se posent la question : "Comment administrer les flux de capitaux ?" Les anthroposophes se disent : "Nous allons créer des laboratoires dans lesquels nous puissions expérimenter nos impuissances." »

Wilhelm-Ernst Barkoff – Fondateur de la GLS [1]

Une des particularités des écoles Steiner est qu'elles sont gérées par un conseil d'administration constitué de parents et de professeurs. C'est par ce biais que pendant la scolarité de ses enfants à Chatou, Henri Nouyrit va apprendre à mieux connaître celui qui deviendra avec lui le fondateur de La NEF, celui-là même qui accompagne son fils François en tant que professeur principal. Jean-Pierre Bideau l'a en effet sollicité pour être membre du conseil d'administration. Henri accepte. Autour de lui, d'autres parents d'élèves et des professeurs. Le conseil d'administration doit trouver de l'argent pour agrandir l'école, construire un nouveau bâtiment. Des défis se présentent : il faut investir et équilibrer les comptes... Bref, Henri et les autres administrateurs de l'école doivent se poser

(1) W.-E. Barkhoff, discours prononcé lors de la création de la Société financière de la Nef (11 mars 1988 au Palais des Congrès à Paris).

des questions de gestionnaires. Un travail qui prend du temps et de l'énergie mais qui permet aussi aux personnes qui le partagent de se connaître, de s'apprécier, de coopérer pour un même objectif. Un excellent exercice préparatoire pour créer une banque – mais cela, à ce moment-là, personne n'y songe encore !

Henri Nouyrit, peu enclin à souscrire d'office à l'arrière-fond philosophique de la pédagogie Steiner, va également profiter de ce compagnonnage avec d'autres parents et les professeurs de l'école pour mieux connaître et appréhender l'anthroposophie. Contrairement à sa femme, il ne vit pas la découverte de la pensée de Steiner comme un coup de foudre, mais plutôt comme un lent et progressif apprivoisement intellectuel. Elle n'en constituera pas moins une étape importante dans son itinéraire, comme il le racontera en 2001 : *« La rencontre de l'oeuvre de Rudolf Steiner (d'abord à travers la pédagogie pour mes enfants vers 1970), m'a permis d'approfondir considérablement ma réflexion sur nombre de questions très essentielles, en particulier sur l'organisation sociale et le concept de fraternité appliqué à la sphère de l'économie. »* [2]

Mais qu'est-ce que l'anthroposophie ?

Pour expliquer ce qu'est l'anthroposophie, on a la chance de disposer de deux documents qui émanent directement des deux fondateurs de La NEF. Le mieux est donc de leur laisser la parole.

Le premier a été rédigé dans l'urgence d'une demande de dernière minute de la Banque de France. En décembre 1988, une réunion y est en effet organisée pour qu'elle statue sur la demande de La NEF de créer une société financière. Deux jours avant la réunion, un coup de fil arrive à La NEF : le gouverneur (c'est son titre) de la haute institution financière ne sait pas ce qu'est l'anthroposophie,

(2) Lettre à Robert Sarrazac du 17 avril 2001.

ni ce Monsieur Rudolf Steiner dont La NEF se revendique : « Il faudrait que vous nous envoyiez rapidement une note sur cette question ! » Jean-Pierre Bideau et Henri Nouyrit ont à peine 48 heures pour produire un document de trois pages, tout simplement intitulé : « Rudolf Steiner et l'anthroposophie ».

Les deux hommes – c'est leur manière de travailler lorsqu'ils doivent rédiger quelque chose – établissent chacun de leur côté une première version. Ils confrontent ensuite leurs deux textes, en discutent, établissent ce qu'ils retiennent de l'un ou de l'autre, et rédigent alors le texte qu'ils signeront tous les deux. Suivons-les dans l'exercice pédagogique qu'ils mènent pour les doctes financiers de la Banque nationale.

Expliquer qui est Rudolf Steiner leur paraît la première chose à faire – et sans doute la plus importante puisque c'est plus des deux tiers du texte qui y est consacré :

« Rudolf Steiner naît en 1861 dans un village proche de la frontière austro-hongroise où son père est chef de gare. La modernité technique lui est un environnement familier qu'il trouve également à l'École technique supérieure de Vienne où il accomplit des études scientifiques mais également philosophiques de haut niveau.

Très jeune, il découvre que seul dans son entourage il a accès à un monde qu'il qualifiera plus tard de «suprasensible». Il se trouve donc dans la situation de devoir acquérir simultanément la connaissance de deux mondes dont l'interdépendance obéit à des lois que sa vie durant, il explorera méthodiquement pour proposer aux hommes une voie de connaissance scientifique d'un domaine qui n'est généralement pas considéré comme relevant de la science. Ses études et travaux dans les sciences et la philosophie le font, très jeune, remarquer par les cercles savants de Vienne et d'Allemagne. On lui confie la publication commentée des œuvres scientifiques de Goethe à Weimar, entre 1885 et 1890.

Rudolf Steiner soutient en 1881 une thèse de doctorat en philosophie, Vérité et Science, *théorie de la connaissance qu'il élargira en 1894 dans une œuvre majeure,* La Philosophie de la Liberté. *Il y expose les conditions dans lesquelles l'homme peut s'éveiller à une forme active de conscience (qui s'oppose à la conscience habituelle passive) à partir de laquelle peut s'exercer une pensée vraiment libre, laquelle devient alors un organe d'investigation des faits du monde sensible, comme de la réalité de l'âme et de l'esprit.*

Peu à peu, Steiner va appliquer ses recherches méthodologiques et la vérification de ses perceptions dans de très nombreux domaines. À Berlin où grâce à ses travaux sur Goethe et sur Nietzsche, il occupe une place importante dans la vie culturelle, il est conduit à s'intéresser aux besoins culturels et aux aspirations sociales du monde ouvrier. Il est appelé à enseigner à l'Université Populaire, mais sa liberté d'esprit se heurte rapidement au dogmatisme des dirigeants de cette institution. Il conduit une œuvre de type initiatique qui répond à l'antique « Connais-toi toi-même », mais qui chemin faisant éclaire, selon les occasions que l'histoire lui offre, les domaines essentiels de l'activité humaine. »

Nos deux pédagogues en arrivent alors à cette charnière que représente la guerre de 1914-1918 dans l'itinéraire de Steiner :

« Si ses recherches avant 1914 sont essentiellement consacrées à l'histoire du monde et de ses civilisations, et à l'homme lui-même dans sa triple nature physique, animique et spirituelle, le drame de la première guerre mondiale oriente son activité vers une analyse très profonde des causes spirituelles et sociales qui y ont conduit. Causes qui ont aussi conduit à la révolution d'Octobre 1917 et engendreront la deuxième guerre mondiale. Il élabore une sociologie pratique (une économie sociale) fondée sur la connaissance de la nature humaine. Mais entre 1919 et 1922, dans l'Allemagne vaincue, les forces morales et la liberté d'esprit nécessaires pour mettre en œuvre ses idées ne sont pas présentes. Avant que le nazisme ne submerge le monde allemand et l'Europe, il oriente sa capacité de renouvellement et d'élargisse-

Une commande ? Une question ?
Contactez-nous !

- Du **lundi au vendredi de 9h à 18h** au comptoir happytal dans le hall principal
- Par téléphone au **04.58.00.39.10**
- Par email à **chu-grenoble@happytal.com**
- 24h/24 et 7j/7 sur **www.happytal.com**

Vous ne trouvez pas votre bonheur ?

Adressez-vous à l'équipe happytal qui est à votre écoute pour vous satisfaire !

Patients
&
Proches

Le sourire
qui vous accompagne
au quotidien

www.happytal.com

153/86/60

CHU
GRENOBLE
ALPES

happytal

ment des connaissances vers la pédagogie, la médecine, la pharmacologie, l'agriculture, pour préparer l'avenir après le drame nouveau dont il pressent l'imminence.

Dans les premières années du siècle il a créé à Dornach près de Bâle, l'Université libre de Science de l'Esprit, à laquelle il donne le nom de «Goetheanum» [en hommage à l'oeuvre de Goethe]. *Il s'y installe à partir de 1914 pour y poursuivre son enseignement et y meurt en 1925. La voie méthodique de connaissance ouverte par R. Steiner, porte le nom qu'il a lui même choisi d' «Anthroposophie». Le domaine des sciences sociales et de l'économie y occupe une place importante. »*

Les deux auteurs de la note insèrent ici un court développement sur l'argent et la banque (c'est tout de même le sujet du jour !) :

« Rudolf Steiner voyait notamment dans l'activité bancaire une fonction médiatrice unique pour introduire plus de conscience et de transparence dans le rôle et la circulation de l'argent. Celui-ci dans la clarté des intentions respectives des préteurs et des emprunteurs, doit concourir à une économie dont la vraie nature est l'interdépendance des acteurs, lesquels, plus ils deviennent conscients de leur solidarité (Steiner dit «fraternité»), mieux ils remplissent leur fonction. Les rapports entre les hommes doivent par contre être fondés sur l'égalité des droits, dont la seule mission de l'État devrait être de s'en porter garant. Enfin, la liberté doit régner dans le domaine de l'esprit, pour assurer la fécondité et la capacité d'adaptation et de renouvellement constant de la société. »

Dernière étape de cette présentation de l'anthroposophie, Henri Nouyrit et Jean-Pierre Bideau s'attachent aux réalisations et institutions qui en sont nées :

« Des nombreuses voies de recherche, décrites par Steiner dans ses écrits (une trentaine de livres) et ses conférences (environ six mille), sont issues à partir de 1919 des institutions s'inspirant de l'Anthro-

posophie, dans des domaines aussi variés que la pédagogie (mouvement des écoles Waldorf représenté dans une trentaine de pays) ; la pédagogie curative (institutions pour enfants et adultes handicapés) ; la sociothérapie (visant notamment à la réinsertion des drogués) ; la médecine et la pharmacologie (associations de médecins, hôpitaux, cliniques, laboratoires dans une quinzaine de pays) ; institutions de recherche fondamentale (universités libres, laboratoires) ; et des institutions fiduciaires et bancaires (...).

Dans le domaine social, les différentes institutions bancaires fondées depuis une quinzaine d'années en Europe et outre-mer, se réclament des principes esquissés plus haut, c'est-à-dire d'une éthique humaniste cherchant à tenir le juste milieu entre un libéralisme excessivement individualiste et une centralisation paralysante. »

On ne sait pas ce que le gouverneur de la Banque de France a pensé de ce texte qui, évidemment, n'était pas du style des documents habituels qu'il avait l'habitude de lire... On lui présentait la figure d'un philosophe hors normes, au parcours original et dont la pensée avait conduit des gens à s'engager dans moult actions, dont une société financière pour laquelle il devait désormais donner son avis.

Le second document consacré à l'anthroposophie est plus court. Il est écrit au moment où La NEF se mobilise pour réunir les 7,5 millions de francs qui vont lui permettre de constituer une société financière (c'est-à-dire un peu avant le texte qu'on vient de lire). Henri Nouyrit est interviewé par le journal de l'Association pour l'économie distributive, *La Grande relève*. On lui demande ce que sont les idées de Rudolf Steiner. En quelques lignes, avec sa concision et sa rigueur exemplaires, il répond à la question :

« Rudolf Steiner (1861-1925) était un scientifique et philosophe d'origine autrichienne dont l'oeuvre est surtout connue d'une part, par le mouvement pédagogique qu'il a suscité à partir de 1919 (il existe des écoles Steiner et des institutions pour handicapés dans une

quarantaine de pays) et d'autre part, par la méthode d'agriculture biodynamique, dont il a posé les fondements en 1924. Dans le domaine économique et social, la situation chaotique de l'Europe après la première guerre mondiale et les nouvelles crises morales et sociales qu'il pressentait, lui ont fourni l'occasion de proposer les « fondements » pratiques pour tout organisme social sain (qu'il s'agisse d'une entreprise ou d'un État). Ces fondements consistent dans l'équilibre toujours fragile mais indispensable, des trois domaines que sont la vie de l'esprit (création intellectuelle, sciences, arts, religion, etc.) où doit régner la liberté *; le domaine du droit (lois, règles de conduite, vie politique, etc.) où doit régner l'*égalité*, et dont l'État doit être le garant ; et le domaine de l'économie (échanges de biens et services, circulation de l'argent, etc.) où devraient prévaloir la conscience de l'interdépendance des agents économiques et la volonté d'en faire bon usage, c'est-à-dire la* fraternité. » C'est la fameuse « tri-articulation sociale » steinérienne inspirée de la devise républicaine, à laquelle Henri Nouyrit consacrera en 2002 un ouvrage : *Fraternité, Égalité et Liberté, Actualité de la pensée sociale de Rudolf Steiner* [3] qui était également évoquée dans le texte pour le gouverneur de la Banque de France.

Dans ces deux textes, on est frappé qu'il ne soit guère question d'une « philosophie », d'une « conception de l'homme », d'une « vision du monde », de ces concepts flous et larges qui constituent souvent une sorte de credo général et totalisant. Jean-Pierre Bideau et Henri Nouyrit parlent d'abord d'un homme au parcours tout à fait particulier, ensuite de « pratiques », comme si en rester aux idées théoriques n'avait guère d'intérêt. Henri Nouyrit insiste beaucoup là-dessus dans sa réponse au journaliste de *La Grande relève* : *« Les voies de recherche ouvertes par Steiner ont des retombées pratiques importantes, notamment en pédagogie, en médecine, en agriculture. Dans le domaine économique et financier, elles s'expérimentent efficacement dans les formes sociales qui se structurent autour d'écoles,*

(3) Éditions Triades, Paris, 2002.

de fermes, de centres thérapeutiques, d'entreprises, ainsi que dans la pratique d'une activité bancaire, dont la Société financière de la Nef est une manifestation. »

L'anthroposophie n'est pas définie comme une recette globale qui donne réponse à tout, un catéchisme dans lequel tout est dit, mais comme une recherche qui conduit à des réalisations. Jean-Pierre Bideau le répétera plus tard lorsqu'on lui demandera si l'anthroposophie est une philosophie : « Oui et non. Non si on entend par philosophie une pensée qui n'a pas de prolongement dans l'action. Le propre de l'anthroposophie est d'être une philosophie qui permet d'agir. » D'agir et d'éclairer l'agir. Dans son ouvrage déjà cité, Henri Nouyrit ne dira pas autre chose : Steiner « *n'était en rien un théoricien, il était, si je puis dire, un décrypteur de phénomènes, à commencer par le "phénomène humain". C'est bien en ceci qu'il peut qualifier sa démarche de "science de l'esprit". Celle-ci n'est donc pas à proprement parler une philosophie, et encore moins une doctrine. C'est une méthode permettant un élargissement fécond des connaissances acquises grâce aux sciences de la nature.* »[4] Il emploie souvent des mots qui montrent la force inspiratrice qu'il a trouvée dans la pensée de Steiner : ici une idée « très stimulante », « éclairante », là une distinction « très suggestive », plus globalement une « grille de lecture », une « clé ».

Une clé qui a permis à de nombreuses personnes d'ouvrir des portes que les deux fondateurs de La NEF ne souhaitent surtout pas voir réservées aux seuls connaisseurs de la pensée de Steiner ! C'est du reste sur cette idée qu'ils terminent leur note à l'adresse du gouverneur de la Banque de France : « *On notera enfin que toutes ces institutions considèrent que les activités politiques et confessionnelles ne relèvent pas de leurs buts, qu'elles refusent tout sectarisme et s'adressent à tous ceux qui, avec bonne volonté, veulent apporter leur concours au progrès général.* »

---

(4) Henri Nouyrit, *Fraternité...*, page 105.

Trois « natures » d'argent

« Des gens de bonne volonté qui veulent apporter leur concours au progrès général » : c'est bien ainsi qu'on peut qualifier le cercle de parents d'élèves et de professeurs qui, à Chatou, s'est constitué avec quelques autres personnes venues d'autres écoles ou d'autres institutions d'inspiration anthroposophique (Institut médico-pédagogique, ferme, fondation...) pour faire avancer la question posée par la GLS à Jean-Pierre Bideau : « Pourquoi ne créeriez-vous pas quelque chose en France ? »

Déjà, à l'initiative de Jean-Pierre Bideau, un petit groupe se réunissait régulièrement pour approfondir son analyse sur l'argent et sa place dans la société, pour lire les textes de Steiner sur le sujet et en discuter, pour échanger sur les manières de rendre concrète cette vision alternative de l'économie et de l'argent. C'est une pratique courante dans les réseaux anthroposophiques où les engagements des uns et des autres s'appuient et s'enrichissent d'un travail de lecture et de commentaire en grande partie nourri par les textes de Steiner. Celui-ci, très prolixe (des livres, des articles, des milliers de conférences...), offre en effet matière à réflexion, mais toujours, semble-t-il, en laissant comme des points de suspension, comme si c'était au lecteur ou à l'auditeur de poursuivre pour lui-même et pour les autres le cheminement proposé par le philosophe. Ainsi, explique Jean-Pierre Bideau, « dans son œuvre, Steiner parle beaucoup d'économie et d'argent, mais à aucun moment il ne parle de banque. » Pas de recette donc, ni de programme, mais plutôt une stimulation intellectuelle, une ouverture sur des perspectives nouvelles, une lecture originale. Comme disait Henri Nouyrit : des clés.

La « tri-articulation sociale » (la *liberté* comme principe organisateur pour la vie spirituelle/culturelle, l'*égalité* pour la vie juridique et la *fraternité* pour la vie économique) en constitue, on l'a vu, une première. Une autre enrichira grandement la réflexion de nos futurs banquiers : c'est la proposition faite par Steiner des trois fonctions de l'argent.

Henri Nouyrit, dont les qualités de pédagogue justifient ici qu'on lui laisse à nouveau la parole, en a fait un magistral résumé. Steiner, explique-t-il, « *distingue grosso modo trois fonctions ou "natures"* [de l'argent]. *La première c'est ce que l'on pourrait appeler l'argent de* transaction *(ou de règlement), matérialisé dans les divers moyens de paiement au comptant. C'est une nature d'argent qui nous met en relation avec l'*espace *: les marchandises circulent, les services s'inscrivent dans l'espace. On peut sentir là une responsabilité à l'égard de la terre qui porte toutes nos activités. La volonté d'acheter rencontre une volonté de vendre.*

Une deuxième nature d'argent apparaît dans le prêt. *On perçoit tout de suite qu'elle est liée au* temps *; elle est en rapport avec le travail que le prêt (ou le crédit, qui signifie confiance) va rendre possible. Dans ce cas, une responsabilité s'exerce entre deux personnes ; il y a rencontre de deux intentions.*

La troisième nature de l'argent que distingue Steiner est l'argent de don. *C'est de l'argent qui se dégage du circuit économique, qui est très consciemment "libéré" en quelque sorte et qui va se métamorphoser en valeurs dont la société a absolument besoin : l'éducation, la recherche, l'art et la création d'activités nouvelles (...) On peut ressentir que, par cette nature d'argent, une responsabilité s'exerce vis-à-vis du destin de l'*humanité *– ou de l'esprit en quelque sorte – et que ce ne sont plus ni l'espace ni le temps qui sont en cause mais l'*éternité, *si l'on peut oser aller jusque-là.* » [5]

Cette grille de lecture oblige à reconnaître que l'argent n'est pas une chose unique mais que, selon sa nature, il n'a ni le même rôle ni le même sens. Que, du coup, ce ne sont pas les mêmes outils qui répondront à chaque fonction (si la banque est clairement faite pour l'argent de prêt, elle ne l'est pas pour l'argent de don). Concrètement, elle conduit à aborder l'argent selon des règles différentes

(5) Henri Nouyrit, *Fraternité, Égalité et Liberté*, pages 54-55.

selon son usage, mais aussi à se poser des questions précises, par exemple, sur la légitimité de l'intérêt (quand est-il justifié ? À quel niveau ?). Elle met en évidence la notion de don dans l'économie et la circulation financière, domaines où l'on a tendance à l'ignorer ou à le délégitimer. Elle oblige à réfléchir à la manière de tenir l'argent comme un outil. Dans une note de 1982 destinée à introduire une réflexion sur l'argent, Henri Nouyrit cite Rudolf Steiner : *« Nous ne devrions pas laisser l'argent vagabonder dans le circuit économique en lui laissant la liberté de faire ce qu'il veut. »* Et le philosophe de poursuivre en comparant l'argent avec les animaux domestiques : *« Que n'arriverait-il pas si nous voulions utiliser des animaux indomptés pour notre travail... Pourtant nous le faisons avec l'argent en le laissant circuler à l'état sauvage dans le circuit économique. »* [6] Une réflexion qui, un siècle après qu'elle a été écrite, est toujours d'une brûlante actualité. *« R. Steiner,* conclut Henri Nouyrit, *nous propose un éveil de la conscience sur la vraie nature de l'argent. Il dit : "L'argent n'est autre chose que l'esprit en action dans le sein de l'organisme social." C'est bel et bien briser l'os, pour trouver la moelle. Partant de là, les mots-clé peuvent dévoiler la réalité qu'ils recouvrent. Plus rien de ce que nous faisons de l'argent, ou que nous laissons faire, n'est neutre. Il nous faut reconstruire une économie consciente. »*

Une réunion à Chatou

L'école Perceval de Chatou constitue le vivier autour duquel se retrouveront les premiers initiateurs de La NEF. Le cercle informel qui se réunit à la fin des années 1970 autour des questions d'argent est composé d'une quinzaine de personnes engagées dans des structures différentes mais qui toutes, globalement, sont confrontées au même genre de difficultés : comment réussir à financer des

(6) Citation de Steiner extraite de son cours « Économie Sociale », citée par Henri Nouyrit, « Introduction à une réflexion sur l'argent », 7 pages datées du 7 mars 1982.

activités non reconnues ou non prises en charge par la puissance publique ou dont la rentabilité économique ne permet pas toujours de financer les investissements nécessaires ? Henri Nouyrit se souviendra plus tard : *« En France, pratiquer l'agriculture biologique passait pour une lubie qui excluait que les banques y risquassent le moindre crédit. Des écoles privées sous forme d'association, même bénéficiant pour certaines de contrat avec l'État, devaient trouver des modalités de financement spécifiques pour assurer leur développement. »* [7] Avec le recul, Jean-Pierre Bideau perçoit que ce qui s'est joué dans ce petit groupe allait bien au-delà d'une réflexion théorique ou d'une mise en marche sur des questions concrètes (comment trouver des financements ?) : « Durant ces rencontres, se sont nouées des relations entre les individus. Finalement, toute une partie de notre travail consistait à créer des liens ! » Un travail rendu possible par la qualité de l'écoute : qu'un professeur écoute un agriculteur parler de son métier et de ses problèmes sans plaquer aussitôt sur ce qu'il dit, ce qu'il a lu ou vaguement entendu sur le sujet... « C'est un exercice d'une importance incroyable de devenir capable, petit à petit, d'entendre l'autre. Cela suppose de ne plus s'écouter soi-même, de faire une espèce de vide intérieurement, d'ouvrir un espace qui provoque comme un appel qui permet à l'autre de dire ce qu'il a à dire... » Le groupe ne se réunit pas seulement pour réfléchir. La perspective est bien de construire quelque chose de concret *« en vue de la création en France d'un organisme dans l'esprit de la* Gemeinschaftsbank ».

Au début de l'année 1978, le groupe décide d'organiser un séminaire de deux jours et d'y inviter plusieurs dirigeants de la GLS allemande. L'année précédente, Jean-Pierre Bideau s'était rendu au congrès de la Société anthroposophique où il avait entendu un exposé de Wilhelm-Ernst Barkoff. La rencontre entre le petit groupe

(7) « L'origine de la Société Financière Coopérative de la Nef », document rédigé par Henri Nouyrit en décembre 2001 à la demande de Jean-Paul Viguier, auteur d'un ouvrage sur les initiatives financières solidaires.

de Chatou et la GLS tombait sous le sens. Elle eut lieu les 1er et 2 avril 1978. Et s'il fallait vraiment fixer une date de naissance à La NEF, c'est sans doute celle-ci qu'il faudrait retenir. Son ordre du jour tient en quatre points :

« 1° Remèdes à la crise du système économique et social occidental ;
2° Comment peut-on utiliser l'argent pour transformer une action individuelle en une action commune au sein d'un organisme social ;
*3° Résultats et fonctionnement des réalisations en Allemagne (*Gemeinschaftsbank*), Hollande (*Triodos*), Angleterre (*Mercury Provident Society*) ;*
4° Échange : peut-il se créer en France une nouvelle forme d'Économie sociale et financière et comment ? » [8]

Ils sont une petite vingtaine autour de la table. D'abord quatre invités venus d'Allemagne : W.-E. Barkhoff et Rolf Kerler au nom de la GLS, Gisela Reuther, pour la Société anthroposophique universelle et Herbert Greif pour *Freunde der Erziehungskunst* (Les Amis de l'art pédagogique Waldorf, l'association allemande des écoles Steiner). Côté français, les écoles sont en force, en premier lieu l'école de Chatou avec Henri Nouyrit, René Barbotin, ingénieur et industriel, un des fondateurs de l'école, et Patrick Sirdey, directeur du département agricole d'un grand groupe chimique (mais plus pour longtemps) dont les enfants sont scolarisés à Chatou. On peut y ajouter Jean-Pierre Bideau qui est là au titre de la Fédération française des écoles Waldorf (l'équivalent français de *Freunde der Erziehungskunst*). L'école de Verrières-le-Buisson est

(8) Invitation à la réunion des 1er et 2 avril 1978. Gemeinschaftsbank est la GLS allemande, créée en 1974. Triodos et Mercury sont des établissements bancaires néerlandais et anglais d'inspiration anthroposophique respectivement créés en 1980 et en 1974. Au moment de la réunion de 1978, les expériences allemandes et anglaises sont donc déjà bien entamées et celle de Triodos a déjà commencé.

représentée par un de ses administrateurs, José Dahan, et un de ses professeurs, Uwe Werner ; celle de Laboissière en Thelle (Oise) par son fondateur, Jean-Louis Gaensburger ; et celle fondée par Jean-Pierre Bideau dans l'Allier, l'école de Bouquetraud, par Thierry Roy, éditeur de livres anthroposophiques. S'y ajoutent un agriculteur, Claude Monziès, un des pères de la biodynamie [9] en France, venu de sa ferme de Saint-Laurent à l'Ormoy dans le Cher, François Jordan qui représente la fondation Paul Coroze [10], Jean-Jacques Sick, de l'Institut pour le développement organisationnel [11] et Eric Arlin, de l'institut médico-pédagogique des Fontenottes, celui-là même où Jean-Pierre Bideau était allé passer une année à la fin de son enseignement à Chatou. Bref, une palette assez représentative des établissements français se réclamant de l'anthroposophie.

W.-E. Barkhoff y présentera la GLS et les raisons qui ont poussé à sa création. Bon orateur, il sait expliquer, convaincre. Il argumente avec un certain brio et parle d'argent avec des mots qui ne sont pas ceux d'un banquier. Il est vrai qu'il n'est pas du sérail puisqu'il est notaire et avocat. Il est arrivé à la banque par l'analyse du besoin exprimé dans son pays par des initiatives relevant de l'anthroposophie qui ne trouvaient pas auprès des banques de quoi financer leurs projets… Une histoire qui semble préfigurer ce qui est en train de s'élaborer autour de l'école de Chatou. Ce qu'il dit à ces Français curieux et volontaires ? On peut l'imaginer facilement en piochant dans le discours qu'il leur tiendra à nouveau, une dizaine d'années plus tard, lorsque se créera la Société financière de la Nef :

---

(9) Inspirée par les principes de l'anthroposophie, l'agriculture biodynamique est un mode de production agricole qui constitue une des premières en date des méthodes de production biologique.

(10) Fondée en 1966 par Simonne Rihouët-Coroze, la Fondation Paul Coroze attribue des bourses à des étudiants en formation dans le champ de l'anthroposophie.

(11) L'IDO était un cabinet de conseil en organisation des entreprises qui mettait en œuvre, dans les relations sociales dans l'entreprise, les travaux de chercheurs hollandais inspirés de Steiner.

« Permettez-moi d'apporter les raisons pour lesquelles un certain nombre d'êtres se disent : "Je souhaite manier plus consciemment l'argent dont je dispose." Les hommes se sentent menacés par les grands problèmes actuels : pollution (ozone, dépérissement des forêts), armes atomiques, chômage, etc. et ils font l'expérience d'une certaine impuissance. Ils perçoivent aussi que ceux qui, par vocation, pourraient y apporter des solutions, sont dépassés par la situation. Ils ont, en outre, le sentiment que Dieu ou les dieux ou le monde spirituel n'ont plus d'emprise sur le cours des choses. L'homme est appelé à prendre tout cela lui-même en main, à devenir actif, chacun s'occupant des autres. Le domaine économique apparaît là où les hommes, systématiquement et méthodiquement, entrent en contact avec le monde. La vie économique met en jeu l'existence d'un capital et ce sont les banques qui sont appelées à rassembler ce capital. Certains disent : "Il faudrait supprimer l'argent !" D'autres se posent la question : "Comment administrer les flux de capitaux ?" Les anthroposophes se disent : "Nous allons créer des laboratoires dans lesquels nous puissions expérimenter nos impuissances, détecter les situations dans lesquelles un renouveau est possible." » [12]

« Expérimenter nos impuissances »

Barkhoff n'est pas un théoricien. Il n'est pas venu à Chatou pour faire une conférence, mais pour inviter à agir, donner confiance, mettre le pied à l'étrier. À ses yeux, on peut parler de l'argent pendant des décennies, cela ne changera rien ; il faut absolument expérimenter. Il faut rentrer dans le vif du sujet. Il y pousse ses amis français : « Maintenant, il faut cesser de parler. Passons à un exercice pratique voulez-vous ? » Et il propose de faire un tour de table où chacun dira quels sont ses difficultés financières et ses besoins. « Ensuite, poursuit-il, nous choisirons l'un d'entre nous et nous tra-

(12) Extrait du discours prononcé lors de la création de la Société financière de la Nef par W.-E. Barkhoff (11 mars 1988 au Palais des Congrès à Paris).

vaillerons ensemble sur la manière de répondre à son problème. » Ce qui commence comme un cas d'école va vite devenir un exercice pratique, le premier pas pour répondre à « nos impuissances », un coup d'essai...

C'est la situation de Claude Monziès, l'agriculteur de l'aréopage, qui est retenue pour mener l'exercice (C'est lui qui bénéficiera ensuite d'un des premiers prêts de La NEF et c'est autour de sa ferme que s'ouvrira en 1981 la première école d'agriculture biodynamique française). Claude Monziès expose de manière plus détaillée les besoins de sa ferme, les projets qu'il compte y développer et définit peu ou prou la somme qui lui serait nécessaire pour les mener à bien. Une fois ce chiffre établi, on procède à un second tour de table où chacun dira quelle part il peut prendre au financement souhaité. Telle école peut avancer un pécule dont elle ne demandera pas le remboursement avant un an, telle autre structure peut compléter le prêt, une troisième, bien que moins riche, peut néanmoins avancer quelques fonds sur une période un peu différente. Chacun estime le nombre de personnes qui, dans son réseau, serait susceptible de s'engager sur un petit don régulier qui pourrait garantir le remboursement des sommes allouées. Sur un coin de table, quelqu'un note les propositions de chacun et additionne les engagements. À l'issue de l'exercice, la situation de Claude Monziès est résolue. La conclusion s'impose : en se mettant à plusieurs dans la situation de, collectivement, chercher une réponse au problème d'un seul, on arrive facilement à le résoudre ! L'un des participants à la réunion résume : *« Ce fut une expérience déterminante qui a permis de comprendre que c'est en se préoccupant d'autrui, c'est-à-dire en faisant l'effort de quitter ce qui relève de l'égo, fût-il institutionnel, qu'on découvre des solutions dans l'intérêt de tous. »* [13] Une constatation qui vaut démonstration des propositions de Steiner ayant nourri le groupe de Chatou et qu'Henri Nouyrit prendra plus tard le risque de résumer

---

(13) Patrick Sirdey : « Rudolf Steiner et la question sociale », dans *Antroposophie et Coopération*, actes du séminaire de La NEF des 12 et 13 avril 2013, page 19.

dans ce qu'il appelle lui-même un « *extrême raccourci* » : « *Steiner observe que depuis longtemps dans notre société "chacun tient pour la meilleure organisation celle qui lui permet de satisfaire le mieux ses propres besoins. Il en résulte que sous l'influence de sentiments égoïstes la question sociale se pose ainsi : quelle forme donner aux institutions sociales pour que chacun puisse jouir pour lui-même des fruits de son travail ?... Ainsi une société est prospère, pense-t-on, quand chacun dispose à son gré de la plus grande partie de son revenu."* » Henri Nouyrit commente : « *C'est ce que l'on pourrait appeler l'égoïsme sacré ou le paradigme d'Adam Smith : chacun travaille avec intensité pour lui-même et tout le monde s'en trouve bien ! Or Steiner en rappelant que "toute misère humaine est une suite directe de l'égoïsme et que la déchéance et la pauvreté s'installent tôt ou tard si les institutions sociales ont pour base l'égoïsme", retourne comme un gant le paradigme d'Adam Smith en formulant ainsi la grande loi sociale qui lui paraît s'imposer avec la nécessité d'airain d'une loi de la biologie : "Le vrai bonheur d'un ensemble d'hommes travaillant en commun est d'autant plus grand qu'est réduit le profit que chacun tire pour lui-même de son travail, qu'il cède de celui-ci à la communauté et que celle-ci pourvoit davantage aux besoins de chacun."* » [14]

C'est bien cette « loi d'airain » quasi évangélique que veulent appliquer dans le champ de la finance les équitables pionniers de Chatou.

(14) « L'origine de la Société Financière Coopérative de la Nef », document rédigé par Henri Nouyrit en décembre 2001. Les citations de Rudolf Steiner sont tirées d'une étude qu'il a consacré à l'expérience de Robert Owen (1771-1858), l'un des pères du mouvement coopératif en Angleterre.

Chapitre 3

Premières pierres

« La NEF est née de la volonté de passer
de la pensée aux actes »

Henri Nouyrit [1]

Le dimanche 2 avril 1978 au soir, après deux jours de séminaire intense, *« le cercle ne se sépara qu'après avoir décidé de se réunir de nouveau pour réétudier et chercher des solutions en commun pour le projet d'une autre institution... et ainsi de suite, de réunion en réunion ! »* expliquera plus tard Henri Nouyrit [2]. La décision de créer une association pour passer à l'action est prise rapidement : il faut se doter d'un outil pérenne pour porter ce projet de solidarité financière et donner un coup d'accélérateur au projet en germe depuis plusieurs années.

Une association

Aussitôt, le groupe se met au travail sur des statuts. L'article 2 dénomme l'association. Les archives en conservent deux versions

(1) Lettre du 17 avril 2001 à Robert Sarrazac.

(2) Dans son discours d'inauguration de la Société financière de la Nef, le 11 mars 1989.

légèrement différentes. La version du 5 novembre 1978 propose : « Association d'entraide économique et financière pour le développement des institutions d'orientation anthroposophique » dite « La NEF ». Dans une seconde version, le titre est légèrement modifié : « Association pour la recherche de formes d'entraide économique et financière pour le développement des institutions d'orientation anthroposophique » dite « La NEF ». De même, l'objet fera l'objet de quelques versions successives avant que l'association ne soit déclarée, le 5 avril 1979, un an après le séminaire fondateur. À cette date, la rédaction de l'objet précise :

« L'association a pour objet :
l'étude en vue de la mise en œuvre de la pensée économique, sociale et culturelle issue des impulsions données par Rudolf Steiner ;
l'appui et le conseil pour la réalisation de projets de développement et de création d'institutions inspirées de l'anthroposophie. »

Ces premiers statuts (on verra qu'ils évolueront de manière significative par la suite) affirment clairement qu'il s'agit d'abord et avant tout de s'entraider entre institutions anthroposophiques. L'association ne réunira pas des individus mais des personnes morales qui se coopteront. Elle est conçue comme un espace de mutualisation où chacun pourra contribuer à la solidarité financière des autres. Pour le moment, il n'est donc pas encore question de venir en aide à des structures extérieures au réseau qui s'est officialisé avec la création de l'association. Une façon de commencer entre structures amies, entre proches, même si, dès le début, l'élargissement du cercle est l'objectif visé. Mais La NEF souhaite avancer pas à pas. Elle commence modestement, tranquillement. Elle veut assurer sa marche, ne pas se précipiter, prendre le temps de l'expérimentation, de la construction patiente d'un processus qui, une fois testé et approprié, pourra alors être utilisé plus largement.

Le conseil d'administration est donc composé de personnes morales qu'on a déjà rencontrées dans les pages précédentes. Elles y sont représentées à chaque fois par des personnes physiques qui, là encore, ne nous sont pas inconnues. L'école Perceval de Chatou est représentée par Henri Nouyrit et Patrick Sirdey. À leurs côtés, deux autres écoles Waldorf : Verrières-le-Buisson et Laboissière-en-Thelle (Oise). Jean-Pierre Bideau, qui a déjà fondé son école de Bouquetraud dans l'Allier, y siège à ce titre. À ces quatre écoles, il faut ajouter l'Institut pour le développement organisationnel, avec Jean-Jacques Sick, et la société civile de l'Ormoy (la ferme de Saint-Laurent dans le Cher) représentée par le paysan de l'équipe, Claude Monziès. Ce sont là les six premiers administrateurs de l'association, auxquels s'ajouteront bien vite deux autres structures : l'Association des Amis de l'école Perceval et l'Association médicale anthroposophique. Il faudra également compter presque simultanément sur quatre nouveaux « membres associés » : la Société anthroposophique de France, la Fondation Paul Coroze et deux institutions pour personnes handicapées : l'Association de pédagogie curative Les Fontenottes et l'Institut de pédagogie curative de Chatou.

Dans une des premières présentations de La NEF réalisée par ses fondateurs, ils répondent ainsi à la question « Qu'est-ce qui a motivé la création de La NEF ? » : *« Cette association est née de la prise de conscience, par ces institutions, que l'ampleur des besoins, notamment financiers, découlant de leur croissance rapide et de la multiplication des initiatives nouvelles inspirées par l'anthroposophie, nécessitait une action concertée et fraternelle des promoteurs de ce développement et de ces initiatives. »* [3] Dans ce même document, l'association inscrit clairement son objectif final : créer à terme un organisme bancaire.

L'association a donc un nom, La NEF, pour Nouvelle économie fraternelle. Le nom vient tout naturellement de la trilogie républicaine revisitée par Steiner qui, on l'a vu, associe la fraternité au domaine de l'économie. À un journaliste qui, bien plus tard, lui demandera de « décrypter ce nom énigmatique pour une banque »,

(3) Document daté de mars 1980.

Henri Nouyrit expliquera que, selon Steiner, doivent prévaloir dans la vie économique « *la conscience de l'interdépendance des agents économiques et la volonté d'en faire bon usage, c'est-à-dire la fraternité.* » Et Nouyrit de conclure : « *Vous trouverez là l'origine du nom qui vous paraissait mystérieux.* » [4]

Restait à nommer le président de l'association. « Là, ça s'est décidé très vite : on a choisi Henri » se rappelle Jean-Pierre Bideau. Henri Nouyrit, dont les compétences, le sérieux, les qualités relationnelles et la grande connaissance qu'il avait des gens et du monde économique, politique et coopératif de par ses responsabilités professionnelles, le désignaient pour ce poste, accepte. Ceux qui l'ont connu décrivent un homme qui assumait pleinement sa mission de président (« Le président, c'est moi »), mais avec un tact et une très grande écoute. « Il avait cette capacité de présider une réunion, même une très grosse réunion, en étant à l'aise aussi bien avec des gens simples, des ministres ou des présidents ! Il percevait parfaitement la qualité des gens et quand il connaissait leurs défauts, il n'en tenait pas compte. » Ainsi, lorsqu'il arrivait à quelqu'un de lui parler d'une personne en en soulignant les défauts, Henri Nouyrit écoutait et répondait indirectement en mettant en avant les qualités de cette même personne : « C'était constant chez lui, se souvient Jean-Pierre Bideau, il avait toujours ce regard positif sur les êtres humains. » Un autre membre de l'association confirme : « Avec lui, les réunions étaient rondement menées et orchestrées, mais à aucun moment nous n'avions l'impression de ne pas pouvoir exprimer tout ce que nous voulions dire. Il arrivait à faire en sorte que nous étions tous égaux. »

(4) Interview d'Henri Nouyrit par le journal de l'Association pour l'économie distributive, *La Grande relève* (vers 1990).

La communauté des donateurs emprunteurs

Aussitôt l'association créée, le groupe se met au travail. Trois projets vont faire l'objet du premier appel de fonds dès le début de l'année 1980. L'école Waldorf de Troyes pour l'achat d'une maison et d'un terrain qui permettront l'implantation définitive de l'établissement (coût : 850 000 francs / 130 000 euros, dont 470 000 francs / 71 650 euros à trouver). L'école d'eurythmie de Chatou pour la construction d'une nouvelle salle (320 000 francs / 48 700 euros, dont 250 000 francs / 38 000 euros à trouver). L'école Steiner de Laboissière-en-Thelle pour l'agrandissement de ses locaux (800 000 francs / 122 000 euros, dont 600 000 francs / 91 500 euros à trouver). Pour mener à bien ces trois projets, l'association a conçu, en lien avec la GLS allemande qui continue à jouer en quelque sorte la marraine, un système à trois partenaires. La GLS avance l'argent qui manque aux trois établissements. La NEF constitue des communautés de donateurs-emprunteurs qui assureront le remboursement de l'emprunt. Les écoles concernées bénéficient ainsi de la possibilité de financer leur investissement puis de faire vivre les lieux acquis.

La communauté de donateurs-emprunteurs reprend l'idée expérimentée en Allemagne et qu'avait découverte Jean-Pierre Bideau lorsqu'il était allé frapper à la porte de la GLS. Il s'agit donc de rassembler suffisamment de monde, autour de chacun de ces trois premiers projets, pour garantir à la banque allemande un remboursement en 4 à 6 ans. Chaque communauté est constituée de personnes qui acceptent de verser mensuellement, sous forme de dons, une somme d'environ 50 à 100 francs (8 à 15 euros). Certains mettent plus, d'autres choisissent de prêter sur une longue durée. Au final, chaque projet va pouvoir se concrétiser, grâce aux petits et nombreux dons, qu'au sein de chaque communauté, les « donateurs-emprunteurs » ont accepté de faire. Et comme les prêts de la GLS ne couvriront pas la totalité du financement nécessaire, le système est abondé par d'autres dons.

L'invention de la communauté des donateurs-emprunteurs est la première innovation introduite dans le secteur financier français par La NEF. Alliant prêt et don, elle lie deux fonctions de l'argent qui sont la plupart du temps dissociées. Jouant sur l'addition de petites sommes, elle permet néanmoins de répondre à des besoins conséquents avec de faibles contributions. Reliant les donateurs ou les prêteurs à un projet clairement identifié, elle tisse une relation qui n'est pas seulement financière, mais humaine. Faisant circuler de l'argent, elle mobilise en réalité des individus pour une cause altruiste. Expérimentant en grandeur réelle de nouvelles solidarités financières, elle rend visible et effectif le pouvoir dont chacun dispose avec son argent. Ce que dira de la Société financière de la Nef Henri Nouyrit en 2001 peut s'appliquer dès l'origine à ce que fut, dès ses premiers pas, l'association La NEF : « *L'organisme ainsi créé devait certes servir à financer les initiatives agricoles et scolaires (...), mais il devait surtout être une sorte de laboratoire, ouvert à toutes personnes de bonne volonté, voulant expérimenter des pratiques de solidarité et de réciprocité dans l'épargne, les garanties, les crédits, la responsabilité sociale.* » [5]

S'organiser

La nouvelle qu'une association de solidarité financière vient de se créer fait assez vite le tour du petit monde français de l'anthroposophie. Les premières demandes arrivent sur le bureau de l'association qui s'organise avec la seule bonne volonté de ses membres. Pas de salarié, pas de local, pas de bureau, Henri Nouyrit travaille pour l'association chez lui ; la comptabilité est tenue par le trésorier, José Dahan, également à son domicile, de même que le secrétariat assuré par Jean-Pierre Caron qui rejoint La NEF dès 1979, dans laquelle il représentait l'Association de recherche pour la tripartition sociale

(5) « L'origine de la Société Financière Coopérative de la Nef », document rédigé par Henri Nouyrit en décembre 2001.

(ARTS) dont il était trésorier. Cela ne pourra pas durer très longtemps et, au bout de deux ans de ce fonctionnement entièrement bénévole, il est décidé d'embaucher une personne à mi-temps pour assurer un minimum de secrétariat. Jean-Pierre Caron parle de l'association encore toute jeune à Marie-Thérèse Ducourau, une mère d'élève de l'école de Chatou. Devant l'intérêt qu'elle manifeste pour le projet, il lui conseille d'aller voir Henri Nouyrit. En un mois, la décision est prise de l'embaucher. C'est elle qui installera l'association dans son premier local – une petite pièce sous-louée à la Société anthroposophique, rue Caumartin, dans le neuvième arrondissement de Paris. Elle aménage le bureau, classe les dossiers, organise les rencontres avec les personnes qui recherchent des renseignements, veulent déposer de l'argent ou faire un emprunt. Elle ne reçoit jamais seule les candidats au prêt. Elle le fait avec Henri Nouyrit qui passe souvent à Paris entre ses nombreux voyages à Bruxelles où le conduisent ses responsabilités professionnelles au sein de la Confédération française de la coopération agricole ; avec Jean-Pierre Bideau qui fait des allers et retours entre Paris et l'Allier où se trouve sa nouvelle école ; avec Jean-Pierre Caron qui, cela tombe bien, travaille dans le même quartier. Entre midi trente et deux heures, celui-ci rejoint Jean-Pierre Bideau dans un café pour recevoir un porteur de projet, échanger sur ce que celui-ci souhaite faire, ses besoins, évaluer si le crédit qu'il sollicite est bien la bonne réponse à sa demande... Un travail qui n'est pas sans rappeler à Jean-Pierre Bideau son métier d'enseignant : « On peut se demander quel lien existe entre le travail du banquier et celui du professeur. C'est qu'il faut savoir écouter celui qui est en face de vous et bien repérer de quoi il a besoin : l'enfant qu'on éduque, comme la personne qui vient chercher un financement. »

Les bénévoles de l'association vont donc apprendre sur le tas leur nouveau métier de « banquier ». Dans un premier temps, les projets soutenus sont ceux des membres de l'association (qui, rappelons-le, ne peuvent, à l'origine, être que des personnes morales). La transparence est de mise : « Nous connaissions parfaitement les comptes de chacun et la structure de son bilan » explique

Jean-Pierre Caron. Comme les trésoreries des uns et des autres n'obéissent pas aux mêmes rythmes, l'association fait circuler l'argent entre les différents membres. Par exemple, les écoles disposent d'une bonne trésorerie au moment de la rentrée scolaire (août, septembre et octobre). Elles peuvent donc en faire profiter ceux qui en ont alors besoin, et inversement. Rapidement, élargir le cercle des souscripteurs apparaît nécessaire pour gonfler la trésorerie globale de l'ensemble des structures. Une école ou un institut pédagogique représente quelque 200 familles. Chaque structure dispose donc d'un réseau potentiel de donateurs ou de prêteurs qui peuvent déposer un peu d'argent sur un compte commun. L'association fait ensuite circuler cette masse d'argent selon les besoins et les urgences entre les différentes institutions adhérentes de La NEF. Lorsqu'une structure souhaite emprunter de l'argent, elle rejoint donc le cercle initial. Au bout de 6 ans de fonctionnement, elles étaient déjà plus de quarante (une douzaine d'écoles, 6 instituts curatifs, autant d'initiatives agricoles, des coopératives, deux maisons d'édition et quelques associations). La NEF financera de cette façon d'abord deux ou trois dossiers par an, puis un peu plus, mais sans jamais se lancer dans une course de vitesse qu'elle estimerait disproportionnée par rapport à ses forces. À partir de 1983, son bulletin de liaison tient chacun au courant de ses activités et présente les différents projets pour lesquels elle fait des appels au don ou au prêt.

À cette époque, on ne peut pas définir La NEF comme une banque, mais plutôt comme un espace de solidarité et de mutualisation entre institutions qui s'intéressent aux besoins financiers des unes et des autres et trouvent les meilleurs moyens pour, entre elles, y répondre... La définition que Barhoff donnait de la GLS allemande peut s'appliquer à sa petite sœur française : « Nous ne sommes pas une banque. Nous sommes une institution qui ressemble à une banque. » Dans l'éditorial du deuxième bulletin de l'association (printemps 1984), Henri Nouyrit propose une formule plus poétique, mais qu'il juge surtout beaucoup plus juste : *« La NEF est une sorte de jardin où la fraternité peut être cultivée en pépinière d'abord, puis repiquée, bouturée, greffée ensuite partout ailleurs. Il ne faut pas prendre ces propos pour de simples métaphores, ajoute-t-il. Les projets que présente le bulletin de La NEF sont autant d'occasions de cultiver vraiment, non seulement des sentiments fraternels, mais aussi une méthode d'action et de renouvellement de la société fondée sur la fraternité opérative.* »

Un exemple ? En 1972, Gilles Droulers, étudiant en architecture de 23 ans frais émoulu de ses études et curieux de la vie agricole, décide de consacrer quelques semaines de ses vacances d'été pour expérimenter ce qu'est la vie dans une ferme. Il arrive dans la ferme biodynamique de Richard et Margarethe Hediger, un couple installé près de Forcalquier. Gilles Droulers découvre cet été-là bien plus qu'une ferme. En effet, le couple vit avec cinq personnes handicapées qu'il nomme les « Compagnons » et dont il partage la vie quotidienne. Là où il était venu découvrir l'agriculture, Gilles fait la rencontre d'une famille d'accueil, d'un mode original de prise en charge et d'accompagnement du handicap, d'un projet social qu'il juge aussitôt « utile et encourageant ». Enthousiasmé, il oublie vite l'architecture et le travail de la terre et décide de partir en Écosse se former au sein du mouvement Camphill, un réseau de plus d'une centaine de communautés qui propose de vivre avec des personnes handicapées mentales dans le but de développer des formes de vie sociale et thérapeutique nouvelles. Inspiré des idées de Rudolf Steiner, le mouvement a été créé par un médecin autrichien, le docteur Karl König, qui s'est réfugié en Écosse après l'annexion de son pays par l'Allemagne nazie en 1938.

En 1974, les Hediger quittent Forcalquier avec leurs Compagnons et s'installent à Taulignan, un village d'alors 1 200 habitants en Drôme provençale, dans un ancien moulinage de soie. Gilles et sa femme Angela les rejoignent en 1977 et créent la première communauté Camphill française, au lieu dit Le Béal. Pour l'acheter, ils contractent un emprunt auprès du Crédit Agricole et débutent un immense chantier qui s'étalera pendant de nombreuses années tant les bâtiments sont grands. Ils se retrouvent au bout de quelques années à plusieurs familles d'accueil sur le site, vivant tous avec plusieurs Compagnons, une vingtaine en tout. Ensemble, elles développent de nombreuses activités culturelles et sociales en lien avec le village, entretenant de très bonnes relations avec les voisins, les autorités locales ou les services sociaux qui agréent Le Béal comme « foyer de vie » en 1980 [6].

Deux ans plus tard, une ferme mitoyenne de l'ancienne usine est mise en vente. L'équipe du Béal qui aimerait intégrer un volet agricole à son activité souhaite l'acheter... mais n'en a guère les moyens. Le vendeur est pressé, l'équipe est engagée dans un projet encore jeune et fragile, l'emprunt du Crédit Agricole n'est pas encore remboursé. C'est Gilles Droulers qui racontera la suite lors des 30 ans de La NEF : « *Nous entendons alors parler d'un petit groupe de personnes qui font de la recherche dans le domaine de l'argent à travers une association qui s'appelle La Nouvelle économie fraternelle (...) Nous écrivons alors à un monsieur qui s'appelle Monsieur Henri Nouyrit pour lui faire part de nos soucis. Nous recevons une réponse immédiate, de quatre pages, avec des noms, des adresses de personnes qu'il a déjà contactées à notre sujet. Puis il nous invite à présenter notre projet au petit groupe de la rue Caumartin.* » Cette rencontre restera dans les annales du Béal : « *Je suis chaleureusement accueilli par Jean-Pierre Caron, José Dahan, Jean-Pierre Bideau, René Barbotin, Henri Nouyrit et d'autres encore. J'avais l'impression très forte de rencontrer un groupe de personnes qui partageait quelque chose de plus grand que la somme des personnalités présentes. Une bienveillance profonde et une grande humilité vivait là. Je percevais qu'ils cherchaient à construire quelque chose (...) Après notre entretien, nous apprenons qu'ils ont parlé à de nombreuses personnes et qu'il ont réuni les 500 000 francs* [76 200 euros] *dont nous avions besoin, sous forme de prêt-relais, et cela sans intérêt !* »

C'est ainsi que Le Béal devient membre de La NEF et que, quelques années plus tard, Gilles Droulers en deviendra un des ad-

(6) www.lebeal.org

ministrateurs. Quant au Béal, il récidivera treize ans plus tard, créant une communauté de donateurs-emprunteurs pour répondre à un nouveau besoin d'investissement nécessaire au développement de son projet.

Agir sans cesser de réfléchir

Ces premières années ne sont pas seulement celles des premiers pas et de la construction concrète de nouvelles modalités de financement solidaire. Parallèlement à l'expérimentation et à l'action sur le terrain, l'association ne cesse de poursuivre des réflexions qui alimentent sa propre pratique. On en trouve la trace dans les nombreux textes théoriques que publie alors son bulletin interne, et dont on perçoit immédiatement le lien avec les questionnements basiques que posent son activité, qu'il faut bien appeler (éventuellement en y ajoutant encore des guillemets) son activité « bancaire ». C'est ainsi que Marie-Thérèse Ducourau traduit les textes des homologues et néanmoins amis des autres banques d'inspiration anthroposophique à l'étranger qui ont déjà labouré les champs que La NEF ne fait que défricher.

Dans le deuxième numéro du bulletin est traitée la question suivante : « Comment prendre la décision d'accorder un crédit ? » La réponse, qui pourrait être donnée sous la forme d'un mode d'emploi, est beaucoup plus large et d'emblée philosophique : *« Crédit ne veut rien dire d'autre que confiance »*. L'auteur, Rudolf Mees, un des fondateurs de la banque néerlandaise Triodos, développe son argumentation en trois temps. Pour savoir s'il existe suffisamment de confiance, il faut, premièrement, voir si la « confiance » qui va se manifester par un soutien financier existe déjà dans l'entourage proche du demandeur, deuxièmement, si la banque peut participer au processus, troisièmement, s'il y a suffisamment d'épargne disponible et de déposants volontaires pour *« se lier pour un certain temps avec cette initiative. »* Ces trois moments du rapport du porteur de projet à ses éventuels prêteurs (ses proches, l'institution de prêt et, par l'intermédiaire de celle-ci, les déposants), Rudolf Mees les inscrit dans la construction d'une relation particulière qu'il nomme *« un rapport associatif »*. Celui-ci va bien au-delà de la simple contractualisation autour d'un prêt : ainsi, *« pour le cas où la banque, pour des raisons qui lui sont propres, ne peut ou ne veut pas aider, ceci ne doit pas exclure que des conseillers, avec leurs aptitudes, puissent essayer de continuer d'aider cette initiative et de l'encourager. Il est donc très important qu'entre conseillers et collaborateurs de la banque puisse s'exercer un rapport réellement associatif. »* [7]

On peut être stupéfait en lisant les textes publiés dans les bulletins de l'association de voir des « banquiers » parler à la manière de philosophes. W.-E. Barkhoff : *« Chaque pas dans le domaine de la connaissance exige trois pas dans le domaine moral »* [8]. Rolf Kerler : *« Par l'attribution d'un crédit sur la base de cautions, le crédit à une institution devient un crédit personnel, accordé à des hommes. Ceci revêt alors un sens, car il n'y a que les hommes qui puissent être "dignes de crédit", c'est-à-dire dignes de confiance. »* [9] C'est que ces hommes sont venus à la banque, non par le circuit normal d'une formation financière et les cheminements classiques de l'utilitarisme, mais parce qu'ils ne conçoivent la banque (et l'argent) que comme des outils à manipuler avec ingéniosité pour faire fructifier des projets qui reflètent, en réalité, un projet de société, une vision du monde et de l'homme.

Parallèlement à l'étude concrète des demandes de financements, la réflexion théorique constitue le menu régulier des réunions du conseil d'administration de La NEF. Dans un de ses premiers bulle-

---

(7) Rudolf Mees : « Comment prendre la décision d'accorder un crédit ? » article paru dans *Bankspiegel* (le journal de la GLS), traduit par Marie-Thérèse Ducourau, et publié dans le bulletin n°2 de La NEF (printemps 1984).

(8) Barkhoff : « Langage, Droit, Argent : devoirs des banques nouvelles » article paru dans Bankspiegel et repris dans le bulletin de La NEF, n°3 (été 1984).

(9) Rolf Kerler : « La banque, organe de formation de communautés », article paru dans *Bankspiegel* et repris dans le bulletin de La NEF, n°3 (été 1984).

tins, Jean-Pierre Caron se souvient des questions qui étaient abordées : *« Ce fut un long travail de maturation que d'approfondir peu à peu les questions de base : qui veut-on financer et pourquoi ? Quels seront les critères de jugement, les limites de l'intervention, comment sera prise la décision... ? Dans ce long processus, d'autres questions fondamentales durent être abordées : la notion d'intérêt (est-ce justifié ?), l'argent et son pouvoir (comment donner ou prêter de l'argent en renonçant à tous les phénomènes de pouvoir qui lui sont liés ?), l'argent et la destinée (osciller entre trop aider et pas assez, en trouvant le milieu, pour que se manifeste ce rôle de "facilitateur" de l'argent par rapport à un destin individuel). »* [10] Jean-Pierre Caron nous fait toucher du doigt le va-et-vient permanent entre la théorie et la pratique, l'adaptation concrète aux réalités du rapport financeur-financé des principes généraux défendus par l'association et la constante imbrication du réflexif et de l'agir, du penser et du faire.

Deux responsables de la *Gemeinnützige Kreditgarantiegenossenschaft*, l'organisme de caution qui garantissait les prêts de la GLS, proposent dans un autre bulletin de l'association quelques « indications pour la constitution de nouvelles formes de capital ». À côté de l'épargne déposée dans une banque et qui rapporte un intérêt, de l'argent prêté « dans le cadre du système de crédit légal » ou des participations au capital d'une entreprise, les auteurs suggèrent une quatrième forme d'utilisation de l'argent : la « communauté de capital », qu'ils appellent également le *« capital libre qui commence à se détacher de la personne du donneur pour être remis entre les mains du preneur pour un usage libre (...) Ici, le donneur de capital renonce dès le début à la récupération de la somme donnée ou bien il dispose d'un droit de récupération limité. Le preneur remet les recettes qu'il réalise avec le capital reçu à la disposition d'autres, travaillant de manière similaire. »* Le capital, s'il fait des petits, ne rémunère donc pas son possesseur, mais s'investit ailleurs pour soutenir l'émergence de nouvelles initiatives. Avec cette innovation

(10) Bulletin de La NEF, n° 2 (printemps 1984).

financière, on s'éloigne des utilisations traditionnelles de l'épargne, qui n'est plus tout à fait un prêt (le donneur renonce à la récupération de la somme donnée) ni plus tout à fait un don (il dispose tout de même d'un droit de récupération limité). Comme l'écrivent les auteurs de l'article : « *Les détenteurs d'un compte de capital qui sont prêts à souscrire à une formation de capital de cette manière, créent ainsi une qualité de capital se situant entre le prêt et le don, qui sera une formation de capital mobile et permettant des réalisations multiples.* » [11] Ils rejoignent ainsi la pensée de Rudolf Steiner pour lequel le capital relève davantage de l'argent de don que de l'argent de prêt, son immobilisation permettant des créations nouvelles, conception bien hétérodoxe dans un monde capitaliste pour lequel rien n'est plus volatil, mouvant et circulant que le capital !

Dans le même bulletin, deux projets agricoles sont présentés qui permettent à Henri Nouyrit d'illustrer la façon dont l'argent de don peut ainsi devenir du capital : « *Pour aider ces deux familles d'agriculteurs, il faut leur permettre de réchauffer l'argent de prêt qu'ils ont dû geler dans le foncier.* » [12] Et Henri Nouyrit de poursuivre la métaphore : « *Les agriculteurs, qui ont dû souscrire eux-mêmes un grand nombre de parts de GFA* [13]*, souhaitent libérer l'argent emprunté, ainsi gelé dans le foncier pour le rendre actif et productif dans l'économie de la ferme. Il faut que de l'argent de don extérieur vienne s'enraciner dans la terre des GFA à la place de l'argent de prêt emprunté par ces agriculteurs (au Crédit Agricole, à la famille et aux amis). Cet argent pourra alors s'éveiller de nouveau et remplir sa fonction de production et d'échange, ce qui lui permettra d'assurer ainsi son*

(11) A. Fink et H.-W. Sailer : « Indications pour la constitution de nouvelles formes de capital », article paru dans *Bankspiegel*, publié dans le bulletin de La NEF n° 2 (printemps 1984).

(12) Henri Nouyrit : « Terre et métamorphose de l'argent », Bulletin de La NEF n° 2 (printemps 1984). Comme dans la citation suivante, les mots soulignés le sont par l'auteur de l'article lui-même.

(13) Groupement foncier agricole.

propre amortissement. Parallèlement, la terre sera libérée de la soumission aux lois du marché par de l'argent qui, après avoir accompli sa fonction d'échange, viendra s'endormir en se métamorphosant en terre libérée, mise à la disposition de mains expertes pour un usage vraiment fécond. » Voilà un discours qui annonce, vingt ans avant, la mission de Terre de Liens, une association créée en 2003 pour acheter des terres, les « libérer » de la spéculation et les réserver à une agriculture paysanne. Une initiative dont a été partie prenante dès le début – et ce n'est évidemment pas un hasard – la Nef. [14]

Mais nos banquiers philosophes sont aussi des acteurs de changement. C'est la raison première de leur engagement dans La NEF, une raison qu'on pourra appeler politique, et qu'aux deux extrémités de l'histoire de l'association professent, chacun avec leurs mots, ses fondateurs. Voici la description que fait Jean-Pierre Caron du monde du milieu des années 1980 et du rôle que doit y tenir La NEF : « *Tel un organisme qui ne comporterait plus qu'une tête gigantesque, un métabolisme des plus réduits, et un système rythmique chaotique, l'organisme social actuel déploie une activité économique énorme : mais, devant les difficultés éprouvées du fait de cette hypertrophie, elle "aspire" encore davantage la terre ou le travail (ou même les surplus d'argent) pour les transformer en "marchandises" qui semblent avoir une valeur, qui sont monnayables, qui "fructifient". Or, cette tendance naturelle de la vie économique doit absolument être compensée par l'homme qui, de manière juste, peut penser certains concepts de base tels que la propriété de la terre, le travail ou l'argent. Il faut empêcher ce qui n'est pas une marchandise, de par son essence, de le devenir en se laissant attirer dans le champ de l'économie.* » [15] Trente ans plus tard, lors d'un séminaire de l'association, Jean-Pierre Bideau résumera les choses en une formule plus courte mais tout aussi claire : « Contribuer à faire changer la conception ou la vision du monde qu'on nous impose : c'est cela, le cœur de La NEF ! »

(14) Sur Terre de liens : http://terredeliens.org

(15) Jean-Pierre Caron : « Argent et Thérapie », Bulletin de La NEF n° 6 (printemps 1986).

Un des lieux où se nourrit la réflexion de l'association, dès ses premières années, est la réunion annuelle internationale des banques et organismes financiers d'inspiration anthroposophique. Ainsi, un an après sa création, La NEF est sollicitée pour accueillir ce congrès qui aura lieu en février 1980 à Royaumont. Quelques années plus tard, Henri Nouyrit se souviendra : *« C'était à la fois pour La NEF une confirmation de sa vocation et le vrai point de départ de son action. »* [16] Ensuite, chaque année, La NEF y est présente. Marie-Thérèse Ducourau se rendra par exemple à Vienne en 1984 avec six autres Français. Ils y retrouveront environ 80 participants venus des États-Unis, de Suède, Norvège, Pays-Bas, Angleterre, Danemark, Belgique, Allemagne, Suisse et Autriche. Cette année-là, le thème principal est consacré au problème de la formation du jugement dans la réalité bancaire : comment former un avis pertinent sur une initiative ? Des conférences et des échanges confrontent les points de vue et les expériences, ce qui permet à chacun de s'inspirer des initiatives des autres. Trois ans plus tard, c'est à nouveau la France qui accueille le congrès, à Pont-à-Mousson, sur le thème : quelles sont les bases permettant de renouveler la pratique de l'activité bancaire ? Une quinzaine de pays, essentiellement européens, est représentée, mais il y a aussi des délégués venus des États-Unis et d'Australie. Spécifiquement organisées entre structures qui se reconnaissent dans l'anthroposophie, ces rencontres sont très largement marquées par la pensée de Rudolf Steiner qui continue de stimuler la réflexion et d'impulser les initiatives. Pourtant, en France, au sein de La NEF, la volonté d'élargir le cercle des associés et de ne pas cantonner le projet aux seules personnes qui se reconnaissent dans l'anthroposophie fait partie des priorités. Comme le rappelle Jean-Pierre Bideau, « les institutions anthroposophiques qui sont nées ou se sont inspirées d'une pensée anthroposophique, ont toutes en commun d'être ouvertes à tout le monde. Il n'y a aucune limitation d'aucune sorte. »

---

(16) Henri Nouyrit : « Un seuil à franchir », Bulletin n° 7 (hiver 1986-1987).

Chapitre 4

Grandir

« L'activité bancaire n'est pas ici une fin en soi. »

Henri Nouyrit [1]

Les propositions et les expérimentations de La NEF ne sont pas sans rappeler des recherches ou des initiatives parallèles qui se développent en France à la même époque. Comment gérer autrement son épargne ? Comment rapprocher apporteurs de capitaux et porteurs de projets ? Comment favoriser la création d'activités économiques inscrites dans une logique d'utilité sociale ? C'est en effet dans ces mêmes premières années de la décennie 1980 que s'est créée l'Aldéa (Agence de liaison pour le développement d'une économie alternative) au sein de laquelle émergeront en 1983, les Cigales (Clubs d'investisseurs pour une gestion alternative et locale de l'épargne solidaire) puis, en 1985, Garrigue, la première société de capital risque au profit des entreprises solidaires, pensée comme un complément aux Cigales qui ne pouvaient regrouper que des personnes physiques. Au travers de ces initiatives s'exprime la volonté commune d'individus et de groupes de proposer une autre vision de l'argent dans la société et dans l'économie. Les militants français de l'économie alternative regardent alors avec beaucoup d'intérêt ce qui se passe en Allemagne

(1) Discours d'inauguration de la Société financière de la Nef, le 11 mars 1989.

avec l'*Ökobank* portée par les Verts ou en Italie avec les premières expériences de finance éthique menées par les coopératives MAG (Mutuelles d'autogestion) dont naîtra en 1994 la *Banca Popolare Etica*. Mais les velléités d'importation en France de telles initiatives sont restées virtuelles. Seule La NEF a réussi à passer de l'idée à la réalité. C'est donc tout naturellement vers elle que se sont tournés certains de ces militants venus de cultures politique ou philosophique différentes. Ils ont vite reconnu dans ce que proposait La NEF ce à quoi ils aspiraient en observant ce qui se passait de l'autre côté du Rhin ou des Alpes. Ces réseaux se croiseront dans les années suivantes, un certain nombre d'initiatives soutenues par des Cigales faisant plus tard appel à la Société financière de la Nef, et certains des acteurs de l'économie alternative ou solidaire des années 1980-1990 se retrouvant dans celui de la Nef. C'est ainsi que l'un des fondateurs de Garrigue qui dirigera une des plus importantes Bio Coop de France, Jean Mata, siégera dans les années 2000 au conseil de surveillance de la Nef. Plus tard, la Nef soutiendra des projets portés par le Réas (Réseau de l'économie alternative et solidaire), une association issue de l'Aldéa et proche de la mouvance de l'écologie politique. Le Repas (Réseau d'échanges et de pratiques alternatives et solidaires), un réseau d'entreprises cette fois, lui-même issu du Réas, côtoiera la Nef, s'invitant même chez elle pour une de ses rencontres, en 1997. Ce n'est évidemment pas un hasard si deux des présidentes du comité d'éthique de la Société financière sont issues de l'économie sociale et solidaire : Béatrice Barras, cofondatrice de la Scop Ardelaine (de 2001 à 2006) et Béatrice Poncin, cofondatrice de la Scop Oxalis (de 2009 à 2014). Parmi les membres de ce même comité d'éthique, on retrouvera des noms qui sont issus de l'économie alternative des années 1980 : François Taconet, ancien président de l'Aldéa, Chantal Hisrchauer, gérante d'Eurosylva, une entreprise membre du réseau Repas ou Jacques Dughéra, qui fut, entre autres, administrateur des Cigales d'Île-de-France. Des croisements qui prouvent que la Nef ne s'est nullement enfermée dans ses réseaux originels et qui témoignent de sa volonté d'ouverture.

Celle-ci va se traduire très rapidement par deux modifications de ses statuts. Dès 1982, trois ans après sa création, la première vise à élargir sensiblement les adhérents possibles de l'association. On s'en souvient, les membres de La NEF ne pouvaient être que des personnes morales. Or, des particuliers souhaitent s'associer au projet sans pour autant représenter une structure ou être délégués par une institution. Toutes les bonnes volontés ne doivent-elles pas être accueillies ? L'apport d'individualités et de compétences incarnées dans des personnes n'est-il pas une richesse supplémentaire ? Réserver l'adhésion aux seuls groupements collectifs n'est-ce pas trop limitatif ? La décision est vite adoptée. Désormais l'association est ouverte à tous. D'une quarantaine de membres lorsqu'elle était réservée aux personnes morales, elle passe à une centaine d'adhérents, puis à plusieurs centaines pour atteindre au bout de quelques années environ 400 membres.

L'année suivante, un second changement statutaire minimise la place prise par l'anthroposophie dans le projet. Il ne s'agit nullement d'un reniement, mais d'affirmer davantage la dimension universelle de l'association. Là où les statuts initiaux cantonnaient son objet à « *l'appui et le conseil pour la réalisation de projets de développement et de création d'institutions inspirées de l'anthroposophie* », les nouveaux statuts abandonnent la référence exclusive à celle-ci en indiquant pour objet « *l'appui et le conseil pour la réalisation de projets ayant une utilité sociale manifeste, concernant la pédagogie, la pédagogie curative, la médecine, les arts, les sciences, l'agriculture, ainsi que la recherche de modalités adéquates pour leur financement.* » Et de manière à ne pas se contraindre dans l'avenir, ils affirment plus largement que La NEF « *cherchera à œuvrer pour rendre plus consciente la circulation et l'utilisation de l'argent.* »

Une banque marraine

Au bout de trois à quatre années d'existence, l'association commence à engranger de l'expérience, même si son champ d'activités est encore restreint et que son fonctionnement demeure très artisanal. Les dossiers passent toujours entre les mains de la poignée d'administrateurs qui animent l'association dont Marie-Thérèse

Ducourau, secrétaire à mi-temps. Jean-Pierre Bideau a été embauché à mi-temps, en complément de son demi-poste d'enseignant dans l'école de Bouquetraud, devenue école de La Mhotte depuis son installation dans de nouveaux locaux : « Nous avions un fonctionnement très peu onéreux. Au début, je ne quittais La Mhotte que deux jours par semaine pour venir à Paris et n'étais salarié que sur ces deux jours. Bref, nous avions très peu de dépenses de fonctionnement. » L'affaire, de fait, tourne essentiellement grâce à l'investissement bénévole des administrateurs de l'association.

Au fur et à mesure des années, La NEF draine cependant des sommes d'argent qui ne sont pas négligeables. L'épargne qu'elle rassemble atteint 3 millions de francs en 1983, puis 5,5 millions en 1984. Même si ces sommes sont vite prêtées, elles font l'objet de remboursements qui reviennent à l'association. Plusieurs personnes font par ailleurs des dons réguliers, et, en première ligne, ses fondateurs et ses administrateurs. Cet argent a d'abord été déposé sur un compte de la Société Générale, la banque d'un des administrateurs. Puis, très vite, l'association se pose la question de trouver une banque qui puisse comprendre le projet de La NEF, qui le regarderait avec bienveillance et pourrait même l'appuyer. Bref, un partenaire, pas un prestataire. « Nous avions alors une conscience très claire de ce que nous commencions à construire » explique Jean-Pierre Bideau. « Nous savions très bien que ce n'était qu'une première étape et que nous n'en resterions pas là. Il fallait donc trouver une banque qui ne soit pas indifférente et avec laquelle une certaine connivence pourrait s'établir. »

Un premier contact est engagé avec le Crédit Mutuel : « Autant la Société Générale était indifférente à notre projet, autant le Crédit Mutuel nous est apparu de prime abord comme l'établissement dont nous pourrions nous sentir les plus proches. Mais son fonctionnement très décentralisé et géré de manière quasi indépendante d'une région à l'autre l'empêchait de nous donner une réponse globale et valable pour toutes ses caisses. C'est alors que quelqu'un a dit : pourquoi ne pas mettre les comptes au Crédit Coopératif ? » Dans l'école de Chatou, Jean-Pierre Bideau a eu dans sa classe un petit

Rémy, dont le père, Georges Presle, occupe un poste important au Crédit Coopératif. De son côté, Henri Nouyrit, de par ses responsabilités au sein du mouvement coopératif agricole, connaît très bien celui qui préside aux destinées de la banque, Jacques Moreau, une figure incontournable de l'économie sociale et du mouvement coopératif français. Les premiers contacts établis, c'est avec Jean-Claude Detilleux, le numéro 2 de la banque, que le partenariat entre le Crédit Coopératif et La NEF va se construire [2]. Celui-ci se souvient bien des premiers contacts grandement facilités par la bonne estime qu'ont l'un de l'autre son patron (Jacques Moreau) et Henri Nouyrit. Moreau, qui a présidé le Groupement national de la Coopération (GNC), a beaucoup fait pour rapprocher le monde de la coopération agricole des autres acteurs du secteur. Dans ce cadre, il connaît bien Henri Nouyrit, a éprouvé son sérieux et sait que, aussi utopique que puisse paraître le projet qu'il lui présente, il s'agit ni d'une idée en l'air ni d'une réponse circonstancielle à un besoin de financement. Et puis, comme le rappelle Jean-Claude Detilleux, le slogan du Crédit coopératif n'était-il pas à l'époque : « L'utopie maîtrisée » ? « Travailler avec des gens qui voulaient s'organiser entre eux était dans la tradition du Crédit coopératif. De par son histoire, c'était un groupe informel qui fédérait des établissements spécialisés. Nous disposions donc d'une grande souplesse et les "clientèles atypiques" faisaient partie de celles avec lesquelles nous avions l'habitude de travailler. Bref, nous étions sans doute le partenaire qu'il fallait à La NEF. »

Une loi chamboule-tout

Pendant ses cinq premières années d'existence, La NEF a pu fonctionner un peu comme elle le souhaitait. Chacun était bien conscient que, d'un strict point de vue réglementaire et légal, certaines de ses actions n'étaient pas juridiquement irréprochables, qu'elle était par-

(2) Jean-Claude Detilleux a rejoint le Crédit coopératif en 1980 où il a été directeur général adjoint puis directeur général. De 1992 à 2009, il sera président du Crédit coopératif.

fois « *border line* », mais sans que cela ne pose vraiment de problèmes. Jean-Pierre Bideau s'en souvient : « Pour bénéficier d'un prêt de La NEF, il fallait devenir membre de l'association. Parfois, nous prêtions sans intérêt, ou alors avec un intérêt vraiment minime. Là, on était très limite au niveau juridique parce que si une association peut bien prêter sur ses fonds propres, dans notre cas, ce n'était pas vraiment son argent : c'était de l'épargne déposée qui ne lui appartenait pas en propre. Or, si la loi n'interdisait pas formellement de déposer son épargne dans une association, elle ne le permettait pas vraiment non plus... »

C'est ainsi que La NEF se heurte parfois à des règles qui lui échappent. Cette confrontation au juridique, les Allemands l'ont vécu avant elle, comme le raconte Hans Werner Sailer, membre du directoire de la GLS : « *Cela ne surprendra certainement personne si, lors de ces débuts pleins d'espoir, des difficultés et des résistances surgissent. Nous parlons, certes, de la création de nouvelles formes, mais nous devons observer également, par ailleurs, les usages du monde économique qui nous entoure, les règles de droit en vigueur et particulièrement les prescriptions juridiques. Avant d'y pouvoir opposer quelque chose de neuf, le neuf doit être voulu et porté (...) Si nous désirons suggérer que des personnes physiques mettent de l'argent directement à la disposition d'une entreprise, ceci ne pourra se faire, sur une grande échelle, par un système de prêts sans garantie. Même si ceci était expressément souhaité, une réglementation légale relative à la nature du crédit s'y oppose. Bien entendu, ce sont des règlements judicieux au fond, mais qui, tout simplement, ne tiennent pas compte du fait que quelqu'un tente d'introduire dans la vie économique des aspects désintéressés.* » [3] C'est aussi la rançon de l'innovation ! Ce que Jean-Pierre Bideau traduit d'une heureuse formule : « Une innovation, c'est une désobéissance qui a réussi. »

Pourtant, ce qui était jusqu'alors toléré et permettait à La NEF de frayer son chemin de manière innovante (et parfois désobéissante si ce n'est aux textes, du moins, aux us et coutumes du milieu financier)

(3) Hans Werner Sailer : « Comment naissent des communautés de capital dans le domaine de l'entreprise », texte traduit par Marie-Thérèse Ducourau, paru en avril 1983 dans *Bankspiegel* n° 28.

va subir un sérieux coup d'arrêt lors du vote d'une loi au Parlement. Cette fois, pas de tergiversations ou d'interprétations possibles, pas de recours astucieux aux silences des textes : le législateur a gravé dans le marbre les nouvelles règles du jeu bancaire. Et, autant le dire tout de suite : elles rendent totalement illégaux les jeux bancaires de la petite association qui depuis 5 ans récolte de l'épargne, la prête (avec ou sans intérêts) ou organise des communautés de donateurs-emprunteurs...

La loi bancaire de 1984 assène dans son article 10 ce qui aurait pu être un coup d'arrêt à l'activité et au projet de La NEF : *« Il est interdit à toute personne autre qu'un établissement de crédit d'effectuer des opérations de banque à titre habituel. »* [4] La loi définit ce qu'est un établissement de crédit et ce que sont des opérations de banque, confirmant que l'activité de La NEF, qui n'est pas un « établissement de crédit », est désormais rendue impossible. « Le Crédit Coopératif nous a convoqués, raconte Jean-Pierre Bideau, en nous expliquant que nous ne pouvions pas continuer comme avant sauf si nous devenions un organisme bancaire, c'est-à-dire soit une banque, soit une société financière. En tout cas, le Crédit Coopératif ne pouvait plus nous couvrir. D'un autre côté, il nous a aussi rassuré : "il n'y a pas péril en la demeure, mais il faut que vous trouviez une solution : soit vous arrêtez, soit vous faîtes un pas en avant, mais vous ne pouvez pas continuer comme ça." »

La situation est bien résumée par le président de La NEF : *« De tout cela se dégage ou bien l'impossibilité pour La NEF de continuer son activité, ou bien la nécessité de la création d'un véritable organisme financier. »* [5] Pour les membres de l'association, il est hors de question d'arrêter après cinq années d'existence. « Nous avions tellement travaillé, nous avions remué tellement d'idées, qu'il nous paraissait impensable de nous arrêter là ! » D'une part, l'expérience prouve la pertinence de la réponse apportée par La NEF aux besoins en financements des initiatives qui ne trouvent pas, sur le marché

(4) Loi du 24 janvier 1984 relative à l'activité et au contrôle des établissements de crédit.

(5) Henri Nouyrit, compte-rendu de l'assemblée générale du 13 septembre 1986. Bulletin n° 7 (Hiver 1986-1987).

bancaire traditionnel, de solutions appropriées. D'autre part, le projet de devenir un jour une vraie banque était inscrit dès le début comme la perspective de l'association. Pour l'équipe de La NEF, réunie en assemblée générale le challenge est clair : « *Nous avons jusqu'ici vécu un peu comme une institution financière de fait, nous sommes ressentis comme telle, ce que nous voulons maintenant, c'est essayer de le devenir en droit.* » [6] La loi bancaire de 1984 ne fait que précipiter les choses et mettre La NEF au pied du mur. Une très grande partie de son énergie va donc être consacrée de 1984 à 1988 à passer du stade d'association à celui d'établissement de crédit.

Pour faire une banque, il faut réunir un capital de 15 millions de francs (2 286 735 euros), ce qui semble hors de portée de La NEF à cette époque. L'association explore donc toutes les autres possibilités qui pourraient la mener vers la création d'un organisme bancaire. Elle se demande si la création préalable d'un organisme de caution mutuelle, qui ne réclame qu'un capital de 2,5 millions de francs (381 122 euros), ne ménagerait pas une étape intermédiaire intéressante. Elle étudie les Unions d'économie sociale (UES), issues de la loi du 20 juillet 1983, mais s'aperçoit vite que ce choix juridique aurait limité son activité. Ces solutions juridiques sont donc révoquées et la bonne piste semble être la création d'une société financière. Pour cela, il faut réunir 7,5 millions de francs (1 143 367 euros), soit deux fois moins que pour créer une banque. L'objectif apparaît atteignable même si le pari reste audacieux.

Dans cette période de transition, les activités de prêt de l'association sont poursuivies avec quelques aménagements qui éviteront de mettre La NEF en porte à faux : « *Les opérations de circulation de l'argent entre les membres de La NEF devront revêtir un caractère plus personnel qu'institutionnel, La NEF jouant plutôt un rôle de conseiller "entre" les parties. Les avances déposées par les membres associés doivent continuer à se développer, mais leur traitement sera étudié*

(6) Compte-rendu de l'assemblée générale du 13 septembre 1986. Bulletin n° 7 (hiver 1986-1987).

cas par cas avec le membre déposant, afin que les formes choisies ne mettent pas La NEF en difficulté. » [7] Dans le bulletin interne, Henri Nouyrit fait le point sur l'action de l'association s'attachant à montrer que, si la société financière est bien l'horizon à atteindre, les missions de l'association ne se limitent pas à cet objet. La société financière est une réponse à moyen terme à l'utilisation de l'argent de prêt. « *Il est tout à fait clair, explique le président, que dans sa forme actuelle, La NEF ne peut pas prêter de l'argent avec intérêt, même à ses membres. Par contre, les membres entre eux, personnes morales ou physiques, peuvent se consentir des prêts. La NEF n'intervient alors que comme conseiller, ou simplement pour mettre en relation un emprunteur et un ou plusieurs prêteurs.* » Mais La NEF continue à s'intéresser tout autant à l'argent de don qu'à l'argent d'épargne et, de ce fait, ne saurait délaisser ces autres aspects de l'argent. Pour l'épargne, l'association invite chacun à continuer à déposer son argent sur le compte ouvert à la BFCC [8] qui offre une rémunération supérieure au taux de l'inflation : « *L'épargne des membres ainsi placée est tout d'abord protégée contre l'érosion monétaire. Ensuite, chaque membre épargnant peut décider d'affecter un pourcentage plus ou moins important du produit financier de ses parts au fonds de développement de La NEF.* » Ce fonds peut ainsi récolter de l'argent de don (les intérêts que l'épargnant décide d'y déposer). L'association reçoit également de ses membres des cotisations et quelques dons qui permettent à la structure de fonctionner, tant qu'elle ne peut pas s'autofinancer. Elle oriente enfin une partie de ces dons vers des projets qu'elle estime devoir soutenir, en particulier des projets agricoles ou scolaires. La NEF adapte donc au mieux ses outils et sa politique au nouveau contexte créé par la loi bancaire. Elle se met en situation de continuer son action sans trop se mettre en contradiction avec la loi et de jeter les bases d'un futur établissement de crédit sans pour autant le faire au détriment de l'ensemble de ses missions.

(7) Jean-Pierre Bideau : « Où en est La NEF ? », Bulletin n° 4 (hiver 1984-1985).

(8) BFCC : Banque française du Crédit coopératif était alors le nom complet de ce qui est devenu depuis le Crédit Coopératif tout court.

Comme l'écrit alors Henri Nouyrit : « *La NEF n'est pas juridiquement une banque, mais elle en remplit spirituellement certaines des fonctions médiatrices, ce qui est sans doute l'essentiel.* » [9]

Des néophytes en mission

Nos banquiers néophytes vont devoir (presque) tout apprendre… Comment fonctionne exactement une société financière, quelles règles il faut respecter, quels documents et quelles informations doivent être donnés aux sociétaires qui voudront souscrire au capital, comment toucher le plus grand nombre de personnes, quelles autorisations obtenir pour faire un appel public à l'épargne, etc. Et sur toutes ces questions, ils ont beau être très motivés, seuls, ils se sentent bien démunis… Heureusement, leur « banque marraine », le Crédit Coopératif, jouera, sur ce coup, pleinement son rôle, ce qui lui vaudra un hommage sincère de la part de Jean-Pierre Bideau lors de l'inauguration de la Société financière en 1989 : « *Ils ont cherché à comprendre nos buts, et ont soutenu des gens qui, non seulement étaient inexpérimentés, mais encore voulaient et veulent faire quelque chose qui sort de l'habituel. Lorsque, par exemple, nous nous sommes adressés au directeur du service d'ingénierie financière de la Caisse Centrale, Monsieur Benon, en lui demandant son aide pour monter le dossier nous permettant d'obtenir le visa de la Commission des opérations de bourse* [10]*, il est entré dans nos préoccupations et nous a aidés avec une très grande efficacité à déposer un dossier recevable sans que nous ayons rien à renier de notre originalité.* » *Cerise sur le gâteau, le Crédit Coopératif ne cherche nullement à tirer*

(9) Henri Nouyrit : « Comment continuer d'agir avec et par La NEF ? », Bulletin n° 4 (hiver 1984-1985)

(10) La COB (Commission des opérations de bourse) a été remplacée en 2003 par l'Autorité des marchés financiers, après sa fusion avec le Conseil des marchés financiers. C'est la structure qui réglemente, autorise et contrôle les acteurs (banques…) et produits financiers. C'est en particulier elle qui octroie les autorisations (visas) d'appel public à l'épargne.

un profit financier de sa situation de conseiller : « Lorsque s'est posée la question du coût de ces services mis à notre disposition (...) le président de la Caisse Centrale lui-même avait décidé que ce service serait gracieux : il ne nous a pas été demandé un centime. » [11]

Réunir les 7,5 millions de francs réglementaires pour créer une société financière n'est pas évident pour une association dont le bilan global au bout de cinq ans d'existence est de 3 millions. Le pari est audacieux. Toutes les énergies vont donc se fondre dans ce même objectif : réunir le capital, mais plus encore, réunir des hommes et des femmes qui seront les premiers sociétaires du futur organisme. Henri Nouyrit, Jean-Pierre Bideau, mais aussi quelques autres administrateurs, vont prendre leur bâton de pèlerin et sillonner la France de long en large pour présenter le projet, expliquer, susciter des adhésions. Ils savent que pour réunir une telle somme ils doivent sortir des réseaux qui les connaissent déjà et toucher un public plus large. Pour cela, ils doivent s'adresser de manière publique à toutes les bonnes volontés intéressées par leur projet, ce qui, en termes juridiques, se dit : « faire un appel public à l'épargne ». Or, ce genre d'opération est très encadré et ne peut se faire par le premier venu. Il faut obtenir un visa de la part de la Commission des opérations de bourse (la COB). Celui-ci est accordé à La NEF avec des conditions très précises, comme c'est toujours le cas en pareille circonstance. Concrètement, il faut réunir les 7,5 millions sur une période qui ne peut excéder dix-huit mois. Si au-delà de cette durée la somme n'a pas été réunie, le projet de société financière ne pourra pas voir le jour.

Les conférences s'enchaînent pour les *missi dominici* de La NEF qui filent d'une ville à l'autre avec leurs lettres de mission. Ils sont assez logiquement accueillis par des structures liées à l'anthroposophie. Les réunions sont souvent organisées par, ou dans, des écoles Waldorf ou par des associations en lien avec des agriculteurs bio-

(11) Jean-Pierre Bideau lors de l'inauguration de la Société financière le 11 mars 1989.

dynamiques. En 1987, Jean-Pierre Bideau vient présenter le projet de société financière à l'école de Verrières-le-Buisson, dans le cadre d'un cycle de conférences sur l'économie organisé par un parent d'élèves, administrateur de l'école. Ce dernier, qui n'avait jamais entendu parler de La NEF, est séduit et s'engage aussitôt dans le soutien au projet et dans la collecte du capital. À Carcassonne, Henri Nouyrit échange en fin de réunion avec un jeune homme enthousiaste qui lui laisse ses coordonnées en lui confiant qu'il est prêt à s'engager bénévolement pour soutenir la mise en place de la future société. Le président de La NEF accumule ainsi des contacts dont certains constitueront, le moment venu, le réseau de correspondants de la Société financière. À Strasbourg, l'organisateur glisse à Jean-Pierre Bideau venu parler devant un aréopage de paysans : « Si vous pouviez dire quelques mots en alsacien... » Aucune contribution n'est jugée négligeable. Lorsqu'en 1989, un jeune couple de 24 et 26 ans décidera de déposer 300 francs dans la Nef, il est reçu pendant une heure et demie par Jean-Pierre Bideau qui prendra le temps de leur expliquer le projet et de faire largement connaissance avec eux. Les jeunes déposants n'en reviennent pas ! Jean-Pierre Caron (secrétaire de l'association) et José Dahan (trésorier) sont également sur les routes, même si Jean-Pierre Bideau et Henri Nouyrit assurent le plus grand nombre de réunions et de conférences.

L'un et l'autre excellent dans ce rôle. Ils ont tout deux d'éminentes qualités de pédagogues et d'orateurs et savent lier avec bonheur, sérieux de l'exposé et facilité de la compréhension. Jean-Pierre Bideau, debout, n'hésite pas à répéter les phrases clés de son exposé, sait faire une pause, suspendant un léger silence avant d'asséner une formule bien frappée. Le professeur transpire à travers le « banquier ». C'est un homme de la parole, qui transmet par l'oral, qui parle bien – et fort –, qui sait mettre le ton et captiver son auditoire. Usant parfois d'un tableau, Henri Nouyrit, se fait professeur d'économie, même s'il est davantage un homme de plume. Il aime l'écrit, tient un journal, compose des poésies et ce n'est sans doute pas un hasard si, plus tard, il choisira le livre pour présenter l'actualité de la pensée sociale de Steiner. Mais curieusement, ce livre, il l'écrira sous la forme d'un dialogue avec un interlocuteur imaginaire, répondant aux questions que celui-ci lui pose, développant ses arguments face à ses objections, prenant le temps de l'explication (« *Entendons-nous bien...* », « *Cette question assez souvent posée repose sur une perception très inexacte de la réalité...* », « *Pour répondre à ceci, il faut revenir d'abord sur le point capital...* »), ne cherchant jamais à caricaturer les choses (« *Mais, encore une fois, ce n'est pas si simple* », « *Oui, mais il faut se méfier des formules simplificatrices qui risquent de dénaturer la réalité en la réduisant à un squelette* »), cherchant toujours à convaincre par le raisonnement plutôt que d'user de séduction ou d'imposer un point de vue magistral. Lorsqu'en 1984, Henri Nouyrit fera un hommage à son mentor de jeunesse, Jean Monnet, on a l'impression de lire son autoportrait si l'on en croit ceux qui, l'ayant connu, en parlent aujourd'hui : « *Monnet était un personnage (...) échappant à tous les classements, indifférent aux hiérarchies, étranger aux clivages partisans, observant les êtres et les événements avec une intense capacité de les comprendre et de les juger à l'aune de deux paramètres majeurs, la liberté et la paix. Comme il était allergique à toute philosophie abstraite, à toute position doctrinale ou dogmatique, il savait qu'il ne pouvait y avoir ni paix, ni liberté sans solidarités réelles dans les secteurs-clés des économies modernes, entre les nations comme entre les catégories sociales (...) Comme il croyait les hommes perfectibles, il les souhaitait libres et solidaires. Il mit plus d'intelligence, de cœur, d'obstination et d'imagination que quiconque pour y parvenir.* » [12] Remplacez Monnet par Nouyrit, et vous aurez une idée de l'homme.

Les deux fondateurs de La NEF sont à la fois très proches et très différents. Ils forment un duo extrêmement complémentaire et ont tissé des liens presque intimes, même si, paradoxalement, ils n'ont jamais été des amis comme on imagine les relations d'amitié (les repas chez les uns et les autres, des vacances partagées ou de bons moments

(12) Discours d'Henri Nouyrit pour sa réception des insignes de Chevalier dans l'ordre de la Légion d'Honneur, Paris, 18 avril 1984.

passés en commun – ils habitent du reste à 400 kilomètres l'un de l'autre). Leur relation est d'un autre ordre. Intellectuel, philosophique, spirituel. « Henri disait que nous n'avions pas une fraternité "molle", mais une vraie fraternité » raconte Jean-Pierre Bideau. « On s'appelait très souvent et on se demandait toujours ce qu'on pensait de telle ou telle chose. Nous échangions énormément. » Patrick Sirdey explique : « Jean-Pierre Bideau donnait souvent des impulsions, il saisissait une idée et la lançait aux autres : "Il faut qu'on fasse ceci ou cela !" Henri Nouyrit était davantage à incarner les choses. En tant que président de l'association il savait comment on devait travailler ensemble. Il organisait, il coordonnait. » Sur le fond, les deux hommes se retrouvaient de plain-pied, chacun avec son passé, son histoire, sa culture, chacun apportant quelque chose de spécifique au projet qu'ils étaient en train de construire. Si Jean-Pierre Bideau représente de manière privilégiée l'inspiration anthroposophique de La NEF, c'est davantage à Henri Nouyrit que la Société financière doit son identité coopérative. C'est un militant de la coopération, acteur et connaisseur de ce monde [13], persuadé des vertus d'un modèle qui privilégie l'union et la mutualisation et dans lequel chacun trouve une place égale selon le principe « une personne = une voix », indépendamment du fait qu'il soit gros ou petit, riche apporteur ou modeste contributeur. Si la Société financière ne pouvait légalement pas être autre chose qu'une société anonyme, il fut décidé de lui ajouter la forme coopérative : « Compte-tenu de ce que nous étions, et de ce qu'était Henri, nous voulions que beaucoup de gens puissent participer au capital. Nous ne voulions pas une société financière, comme cela se fait souvent, où quatre ou cinq grosses sociétés se partagent le capital. Nous voulions mobiliser le plus grand nombre de personnes et que chacun ensuite puisse avoir une part de pouvoir égal aux autres. » Autre condition pour associer un grand nombre de personnes : établir un montant nominal de la part qui demeure accessible. « Sur cette question, nous avons dû tenir tête au Crédit Coopératif qui nous conseillait de créer des parts sociales d'un montant plus élevé.

(13) Il est l'auteur du chapitre sur la coopération agricole dans le livre *Campagnes en mouvement : un siècle d'organisations paysannes en France*, éd. Charles Léopold Mayer, 1998.

Nous avons dit non et nous avons créé des parts sociales ridiculement basses (200 francs, soit 30 euros). Mais, pour nous, c'était une décision extrêmement importante ! » De néophytes, ils commencent à devenir spécialistes de leur sujet et maîtrisent de mieux en mieux les arcanes du monde de la finance. Ce sont eux qui expliquent à leurs interlocuteurs de la COB ce qu'est une société anonyme coopérative. Jean-Pierre Bideau s'en souvient encore : « Ils ne savaient pas ce que c'était, ils n'avaient jamais eu à donner un visa pour une société coopérative ! »

Mission accomplie

Dans l'éditorial du bulletin de La NEF qui paraît fin 1986, Henri Nouyrit insiste sur l'étape fondamentale qu'est en train de vivre l'association. C'est un « seuil à franchir » dit-il. Il invite tous les adhérents pour une grande réunion d'information le 14 mars 1987 à Chatou. Trois mois plus tard, Jean-Pierre Bideau commence à tenir les comptes : 1,4 million de francs ont été réunis à l'été. Il est obligé de faire monter un peu la pression : « *Il convient de dire encore une fois que chacun d'entre nous doit faire un effort maximum de souscription si nous voulons disposer à temps, c'est-à-dire dans un délai maximum de 18 mois, d'un instrument que la situation économique générale rend indispensable.* » [14] À l'assemblée générale suivante (septembre 1987), le représentant du Crédit Coopératif qui dirige le département des établissements affiliés à sa banque, Monsieur Piguet, vient expliquer aux adhérents le processus en cours pour rendre bientôt opérationnelle la Société financière de la Nef. Trois étapes sont nécessaires avant qu'elle puisse fonctionner. Elle doit être constituée juridiquement, ce qui est chose faite depuis décembre 1986. Ensuite, elle doit s'affilier à un « organe central » bancaire, ce qui est également chose faite depuis l'affiliation de la Nef à la Caisse centrale du Crédit Coopératif en juin 1987. Reste la dernière et périlleuse étape de la mobilisation des 7,5 millions de francs...

(14) Jean-Pierre Bideau : « Où en est la Société Finanière ? », Bulletin n° 8 (été 1987).

Heureusement, La NEF sait pouvoir compter sur ses consœurs étrangères. Les banques d'inspiration anthroposophique se sont en effet mobilisées et ont promis un million. Le plus gros apporteur est un groupe suisse de 130 personnes rassemblées autour d'une institution du mouvement Camphill – celui-là même auquel appartient le centre du Béal. Ils ont souscrit 800 000 francs via la Banque communautaire libre de Suisse, elle aussi issue du mouvement anthroposophique et elle aussi structurée en coopérative. La GLS a également mis du capital dans la Société financière, capital qui sera remboursé au fur et à mesure des nouvelles souscriptions arrivées après l'échéance des 18 mois. Les plus petits apporteurs n'ont pris, selon leurs moyens, qu'une seule part (200 francs). Au final, c'est le Crédit coopératif qui décide de compléter le capital encore manquant au moment de l'échéance des 18 mois, faisant une avance remboursable qui permet d'atteindre le seuil fatidique. Ainsi, fin 1988, ce sont presque 8 millions de francs qui ont été réunis par 650 sociétaires. Dans son discours d'inauguration, celui qui vient d'être désigné comme président directeur général de la Société financière, Jean-Pierre Bideau, leur rendra un chaleureux hommage en insistant sur le fait que chaque personne qui a mis du capital dans la Nef savait qu'il ne serait pas rémunéré : *« Ce fait confère à chaque souscription, qu'elle soit de 200 francs, ou, à l'autre pôle, de 800 000 francs, une qualité particulière. »*

C'est le 11 mars 1989 qu'a lieu à Paris la cérémonie officielle pour inaugurer la Société financière, entrée officiellement en activité le 1er janvier. Elle débute par l'intervention d'un jeune violoniste qui joue *« un* molto vivace *lancé dans l'éther par un certain Paganini ». « Faut-il que je justifie cette curieuse entrée en matière pour l'assemblée d'un organisme bancaire qui, par nature, doit rester à l'écart de l'émotion et des élans du cœur ? »* questionne Henri Nouyrit. *« Pourquoi en musique ? Elle fait le pont entre la plus libre faculté créatrice de l'esprit et la contingence de la matérialité instrumentale (…) On peut voir dans ce prologue artistique (…) une sorte d'exposé des motifs, comme disent les juristes ; on comprendra par là que l'activité bancaire n'est pas ici, une fin en soi. »*

Chapitre 5

« Association-mère » et « société-fille »

« J'espère qu'il vous est maintenant évident qu'avec cette création de la Société Financière de la Nef, il ne s'est encore rien passé, tout reste à faire. »

Wilhelm-Ernst Barkhoff [1]

La création de la Société financière ne signe-t-elle pas l'obsolescence de l'association ? N'est-ce pas le moment pour cette dernière de s'effacer et de laisser le nouvel outil prendre le relais ? La réponse des deux présidents (celui de l'association, Henri Nouyrit et celui de la toute jeune société, Jean-Pierre Bideau) est unanime. Dans un courrier aux adhérents qui suit l'inauguration de la Société financière, ils définissent les missions qui justifient de conserver active l'association La NEF : « *Il convient de souligner, expliquent-ils dans ce texte signé en commun, que la Société Financière a pour seule fonction de faire circuler de l'argent de prêt. Or nombreux sont les projets et les institutions dont la naissance ou le fonctionnement exigent de l'argent de don et il est vital pour toute une partie de la société que cet argent continue à circuler (...) Une autre raison d'attirer votre attention sur le fait que l'association demeure et continue*

(14) W.-E. Barkhoff, discours prononcé lors de la création de la Société financière de la Nef.

d'agir, est constituée par le constat que de nombreuses demandes de conseils nous parviennent, dans plusieurs domaines : la structure financière souhaitable pour tel ou tel organisme particulier, par exemple, ou bien des questions relatives à la gestion économique et à la compréhension de la comptabilité. » Et de conclure : « *L'outil spécialisé qu'est la Société Financière doit, certes, se développer, mais nos pensées et nos soins doivent continuer, comme durant les dix dernières années, à faire grandir l'association-mère, La NEF.* » [2]

Le Grand conseil

Une lecture strictement juridique pourrait laisser croire que 1989 marque une césure dans l'histoire de La NEF. La réalité est beaucoup moins tranchée. La vie de l'association et celle de la Société financière sont en réalité intimement mélangées durant une dizaine d'années encore. En théorie, les deux structures sont indépendantes... mais si Henri Nouyrit est président de l'association, le vice-président en est Jean-Pierre Bideau. Et si ce dernier est président de la Société financière, son vice-président s'appelle... Henri Nouyrit. Le lieu où cette quasi-fusion s'opère s'appelle le Grand conseil.

Comme l'association, la Société financière est gérée par un conseil d'administration. Le Grand conseil, qui n'a aucune existence juridique, est tout simplement la réunion de ces deux conseils d'administration qui, ensemble, vont accompagner les débuts de la Société financière. S'y joignent également les premiers correspondants locaux bénévoles (ils sont alors une dizaine) qui assurent une présence de la Nef sur l'ensemble du territoire. On y étudie les dossiers qui se présentent, on façonne au jour le jour la stratégie de la Société, sa politique de prêt, on y peaufine la manière d'accueillir et

(2) Éditorial du bulletin n° 10 de l'association (printemps 1989). Les mots soulignés le sont par les auteurs.

d'accompagner un emprunteur, on y prend les décisions qui vont conduire la Société financière à s'implanter peu à peu dans le paysage financier comme « la banque éthique » française. Toute l'énergie de l'association sera en grande partie aspirée vers la Société financière, l'association-mère voyant certains de ses membres partir travailler dans la Société financière à tel point qu'au bout de plusieurs années elle pourra se sentir vidée d'une partie de sa substance humaine. Toutes les forces sont en effet sur le pont du bateau Nef afin qu'il puisse naviguer au mieux et prendre le grand large. « La distinction entre l'association et la Société financière, dans le travail quotidien, n'existait pas vraiment » confirme Jean-Pierre Bideau : « les décisions importantes étaient toutes prises au sein du Grand conseil. » Jean-Pierre Bideau habitant dans l'Allier, les locaux de la Nef sont installés dès les premiers mois dans une maison à Bourbon-L'Archambault, même si un local existe toujours à Paris au nom de l'association, rue Gassendi. Celui-ci sert également d'antenne de la Société financière dans la capitale. À Bourbon-L'Archambault, l'équipe qui fait fonctionner la jeune structure est très légère : quelques personnes tout au plus. « Au début, notre petit nombre faisait qu'on était tous au courant de tout. Par exemple, tout le monde pouvait lire le courrier. » La vie de la Société est donc faite d'allers et retours entre Paris et l'Allier et de Grands conseils qu'elle partage avec l'association.

L'existence du Grand conseil répond au souci des fondateurs de ne pas *« remettre en cause l'unité d'inspiration et de responsabilité morale de* [leur] *action »*. À ce titre, il *« constitue bien l'instance au sein de laquelle se mûrissent les orientations, se prennent les décisions qui engagent l'avenir, s'effectue le travail en commun, dont la cohésion du groupe et la cohérence de ses réalisations dépendent. »* [3]

(3) Henri Nouyrit : « Réflexions et propositions relatives à l'organisation de notre travail », lettre aux membres du Conseil, 12 juin 1991.

Pour avoir une idée concrète d'une réunion de cette instance, suivons celle du samedi 9 novembre 1991 qui se déroule à Paris [4]. La veille, comme le plus souvent, le conseil d'administration de la Société financière s'est réuni seul sur différentes taches plutôt opérationnelles. S'y joignent à la réunion du lendemain, le conseil d'administration de l'association, les correspondants locaux et les salariés les plus impliqués. En tout, vingt personnes sont présentes et six se sont faites excuser. La réunion commence le matin à 9 heures et se termine l'après-midi à 16h. Transparence oblige, c'est Jean-Pierre Bideau qui prend d'abord la parole pour un petit rappel des sujets qui ont été abordés la veille, de façon à ce que tout le monde soit mis au même niveau d'information. Puis des points très concrets sont abordés. Une association invite La NEF à l'inauguration de son nouveau local. Une réunion prévue avec la Société anthroposophique est annulée. Deux dossiers émanant de structures d'insertion sont présentés. Il est décidé de les accompagner et de prendre contact pour cela avec des institutions avec lesquelles La NEF est en lien : Entreprendre ensemble, Solidarité Emploi et la Fondation France Active. À l'ordre du jour, ensuite, l'adhésion de la Nef à l'INAISE, l'Association internationale des investisseurs dans l'économie sociale, une structure dont la Nef est toujours membre [5]. Un des membres du conseil fait un compte-rendu des journées d'été de l'économie « alternative » auxquelles il s'est rendu, puis un entretien a lieu pour l'embauche d'un nouveau salarié : Jacky Blanc, qui deviendra président du directoire de la Nef, mais à qui, pour le moment, n'est confié que le perfectionnement du système informatique de l'entreprise.

Une fois tous ces sujets traités, place est laissée à la réflexion. Pour cela, trois exposés sont prévus. Jean-Pierre Bideau est le premier orateur. Suite aux réactions qu'il a remarquées après certains

(4) Tout ce qui suit provient du compte-rendu écrit de ce Conseil par Marie-Thérèse Ducourau (9 novembre 1991).

(5) www.inaise.org

de ses exposés et conférences pour présenter la Nef, il constate que, bien souvent, *« quelque chose doit être surmonté au début qui pourrait s'exprimer ainsi : "Cette institution manipule de l'argent" – Ou bien on n'en perçoit pas l'importance, ou bien on en a peur, ou bien encore on ne veut pas y entrer. »* Et, s'inspirant de Steiner, il propose de répondre à la question : *« Pourquoi nous occupons-nous d'argent ? »* Jean-Pierre Caron enchaîne en tentant de montrer comment on peut commencer à manifester le *« retournement de l'égoïsme »*. Il fait appel pour cela aux enseignements tirés de l'expérience de la GLS. Henri Nouyrit prend le relais et, toujours en s'inspirant des conférences qu'il a lui même tenues, cherche à montrer qu'il existe une troisième voie possible entre un libéralisme individualiste et égoïste et un collectivisme pour lequel l'individu ne compte pas. Il n'hésite pas à remonter jusqu'à la Renaissance, à survoler les siècles qui vont du Moyen-âge à la Révolution industrielle, pour expliquer comment s'est imposée une rationalité *« instrumentale »*, et aboutir à ces *« groupes humains dans la société »* qui *« ont perçu l'impasse dans laquelle nous sommes engagés et* [qui] *ont cherché des solutions : par exemple, création de la première* Sparkasse *(Caisse d'épargne) avec intérêt modique et quelquefois pas d'intérêt du tout. »* On le voit, les grands détours théoriques ou historiques ramènent toujours nos orateurs au concret de leurs pratiques et de leurs préoccupations.

On reprend l'après-midi en restant à une hauteur de vue certaine : réflexion sur la mission de la banque et compte-rendu de quelques lectures de Steiner par Jean-Pierre Bideau qui en propose quelques phrases chocs : *« La vie économique a ses propres lois, elle transforme tout en marchandise. »*

Il est bientôt 15h. Un temps d'échange a lieu avec les correspondants. L'un d'eux qui n'a pas pu venir fait part, dans un courrier, de son travail et du décalage qui peut être ressenti entre ceux qui sont dans le quotidien de la Société financière et des correspondants parfois isolés sur le terrain. Une des réponses consiste à ce qu'ils puissent participer au maximum aux réunions du conseil délibérément ouvertes à tous. La réunion se termine par quelques informations données par le groupe de travail sur la communication. Il est 16h. On se donne rendez-vous pour le mois suivant, toujours un samedi, toujours de 9h à 16h.

Cautions solidaires, enveloppes sociales et abandons d'intérêts

La Société financière développe les outils que l'association a déjà expérimentés, comme les communautés de donateurs-emprunteurs ou les cautions solidaires. Ces dernières vont prendre plus de place et se systématiser. Elles ne sont pas conçues seulement comme un système de garantie financière, mais autant comme la confirmation de l'intérêt social du projet qui est financé. « En nous adressant à des entreprises, nous ne pouvions pas tabler sur les communautés de donateurs-emprunteurs. Les entreprises sont sensées rembourser leur emprunt et on ne peut pas compter sur de l'argent de don pour cela. Pour garantir l'emprunt, nous demandions donc au porteur de projet de rassembler autour de lui un nombre suffisant de personnes qui, chacune, garantirait une petite partie de l'emprunt. » Le risque est donc partagé entre plusieurs et à une hauteur qui ne mette pas individuellement en danger les cautionneurs. De plus, elle prouve que l'entrepreneur n'est pas isolé, que son projet n'est pas une lubie qu'il serait seul à trouver pertinent : « Pour nous, explique Jean-Pierre Bideau, l'aspect social était fondamental. Si 200 personnes disent qu'elles sont prêtes à cautionner un emprunt, cela signifie qu'on peut y aller tout de suite ! Si il n'y en a que deux, cela peut vouloir dire que le projet n'est pas vraiment utile, que personne ne s'y reconnaît, que personne n'y croit, que son importance est faible aux yeux des autres... Et dans ce cas, il n'est pas sûr qu'accorder le prêt demandé soit un bon service à rendre à celui qui le demande. » La caution solidaire façon Nef ne signifie pas qu'une personne tierce va devoir remplacer à elle seule un emprunteur défaillant. Elle répartit au contraire le risque sur un grand nombre de personnes et concrétise cet élément majeur de la réussite d'un projet (économique ou non) : qu'il est socialement entouré, adoubé, plébiscité. Cette « enveloppe sociale » ou ce « corps social » autour du projet apparaît alors comme un gage quasi certain de réussite. Elle devient donc un élément fondamental pour l'obtention d'un prêt.

La seconde condition incontournable, c'est la rencontre. Cette règle d'or dans l'association est reprise dans la Société : on ne décide pas d'un crédit sur dossier. Il faut rencontrer le porteur de projet, parler avec lui, comprendre les tenants et aboutissants de ce qu'il souhaite faire, se faire une idée précise de qui il est, ce qu'il attend de son action, jauger sa capacité à mener son projet à bien, etc. « La parole, explique Jean-Pierre Bideau, était notre mode privilégié pour entrer en relation avec les emprunteurs, percevoir au mieux ce qui les animait et leur faire comprendre qui nous étions. » De telles rencontres ne se font jamais seul. Il faut au moins être deux, parfois davantage. Marie-Thérèse Ducourau se souvient des premiers entretiens du temps de l'association (avant 1989) qu'elle faisait avec l'un ou l'autre des administrateurs. Gilles Droulers nous a déjà raconté sa rencontre où six personnes étaient là pour l'accueillir et l'écouter. Quand ils le peuvent, Jean-Pierre Bideau et un autre salarié de la Société se déplacent sur le site des entreprises qui ont sollicité un prêt. Ils se rendent compte sur place de qui sont ces gens et ces entreprises... Bref, jamais d'argent sans lien humain, jamais d'emprunt sans contact direct.

Les promoteurs de la Nef perçoivent clairement qu'avec la Société financière ils ne s'intéressent qu'à l'argent de prêt. Ils savent aussi que le don est nécessaire si l'on veut que le monde puisse tourner correctement. « Nous revenions constamment, explique Jean-Pierre Bideau, aux trois grandes fonctions de l'argent : acheter, prêter et donner. Nous constations que le don était toujours insuffisant dans notre société. Tout argent a tendance à y devenir argent de dépôt ou de placement. Et c'est à partir de cette réflexion que nous avons eu une idée... » Celle-ci est très simple et permet de réinjecter du don dans le système qu'ils sont en train de construire. Mais elle est aussi tout à fait hétérodoxe dans le milieu bancaire.

Aux déposants qui ont mis leur épargne sur des livrets Nef au Crédit Coopératif, il est proposé d'affecter une part de leur intérêt pour une association ou un type d'action qu'ils souhaitent soutenir. C'est ce qu'on appelle « l'abandon d'intérêts », mais que Jean-Pierre Bideau trouve plus juste d'appeler tout simplement du don. Chaque épargnant décide s'il veut que les intérêts générés par son argent restent sur son compte ou non. Certains peuvent choisir d'en garder la moitié et de céder l'autre moitié ; d'autres optent pour que la totalité de l'intérêt soit donné. Lorsque l'idée est proposée au Crédit coopératif, celui-ci perçoit vite la complexité de l'outil technique à mettre en place pour une telle opération. La banque se demande si le jeu en vaut la chandelle et si le coût du dispositif ne risque pas d'être disproportionné par rapport aux dons réellement versés. Il fallait évidemment qu'un nombre important d'épargnants adopte cette proposition pour que l'idée soit vraiment opérante. C'est un succès. Dès la première année, environ un quart des sociétaires a opté pour un taux d'intérêt à 0 % et beaucoup de déposants feront le choix de transformer tout ou partie de leurs intérêts en don. Une partie non négligeable passera ainsi de la Société financière à l'association La NEF. L'idée répondait donc bien au besoin des sociétaires de donner.

Au bout d'un an de fonctionnement, Jean-Pierre Bideau contacte le Crédit coopératif qui, en tant que caisse centrale, est toujours l'organisme référent et « responsable » de la Société financière de la Nef vis à vis des autorités bancaires nationales. Il demande un contrôle de la Banque de France. Inquiets, les responsables du Crédit coopératif l'interrogent :

- Il y a quelque chose qui ne va pas ?

- Non, non, tout va très bien, mais je veux qu'un inspecteur de la Banque de France vienne vérifier. Parce que si nous faisons des choses que nous ne devrions pas faire, je préfère le savoir maintenant et pas dans trois ans !

L'inspecteur débarque donc à Bourbon-L'Archambault. Il regarde les comptes, les procédures, le fonctionnement de la Société financière... Rien ne le choque jusqu'au moment où il découvre les fameux abandons d'intérêts : « Mais, un compte à terme non rémunéré, ça n'existe pas ! ». Jean-Pierre Bideau argumente :

- Ça n'existe pas, parce que tout le monde veut une rémunération.

- Je comprends bien qu'un certain nombre de vos sociétaires ne veuille pas de rémunération, mais ce n'est pas légal !

- Pas légal ?

- Non, ce n'est pas légal.

- Pourriez-vous alors, s'il vous plaît, m'indiquer les textes qui l'interdisent ?

L'inspecteur fait les recherches nécessaires, sans doute persuadé par la force des choses et des habitudes que, puisque les comptes à terme sont toujours rémunérés, c'est parce que c'est obligatoire. Pourtant, lorsqu'il revient vers Jean-Pierre Bideau, il n'a trouvé aucun texte sur la question. Et de conclure : « Vous n'avez qu'à continuer comme vous faîtes, puisqu'il y a un vide juridique... » C'est ainsi que les pionniers de la Nef apprennent à jouer des marges de manœuvre que le système bancaire, pourtant extrêmement contraint, laisse néanmoins possibles.

Association et Société financière : un même combat

L'économie de la Société est fragile et ne pourra pas s'équilibrer financièrement pendant plusieurs années. Seul l'argent de don lui permettra de passer le cap difficile de l'enfance. Chaque année, il faut consolider la jeune entreprise et équilibrer ses comptes déficitaires. C'est le rôle que s'est fixé l'association en alimentant la Société, via ses membres, en argent de don. En « bouchant les trous », elle ne remplit néanmoins pas un panier percé. Son apport peut être assimilé à un investissement sur le long terme ou à une forme de subventionnement. Il s'agit de bâtir un outil qui, à terme, soit viable économiquement, mais qui a encore besoin d'être accompagné, aidé, pris en charge en partie. « L'association-mère », comme l'ont appelée ses fondateurs, joue pleinement son rôle auprès de sa fille. Elle sait qu'un jour elle volera de ses propres ailes mais, pour le moment, elle sait aussi qu'elle a toujours besoin d'elle, qu'il est trop tôt pour la lâcher, que le cordon ne peut être rompu.

De leur côté, les salariés de la Société, consentent également des efforts en acceptant des salaires qui n'ont rien à voir avec ceux de la profession : « Nous savions très bien de quoi nous pouvions disposer sans mettre la Société en péril » explique l'ancien PDG. « Nous avons donc versé des salaires qui permettaient à chacun de vivre et ceux des dirigeants étaient très proches de ceux des autres salariés, la comptable ou la secrétaire. » Aussi, lorsque à la fin de chaque exercice, le Crédit coopératif contrôle les comptes de la Société financière, et que celle-ci lui annonce des comptes équilibrés, les experts de la banque marraine ne peuvent s'empêcher quelques commentaires : « Non Monsieur Bideau, vous ne pouvez pas dire que vos comptes sont équilibrés, parce que si vous vous payiez des salaires normaux, dont le vôtre, eh bien ! dans ce cas, vos comptes ne seraient pas équilibrés... »

C'est le prix à payer pour que la Nef puisse exister et grandir. Bien sûr, il eût été possible de mobiliser beaucoup plus d'argent en allant le chercher sur le marché financier et se placer ainsi dans une logique bancaire classique. Cela aurait évidemment permis d'atteindre plus vite des seuils de rentabilité que la Nef n'aurait cependant atteints qu'au détriment de ses valeurs. Mais, pour elle, il était clair que l'argent prêté ne viendrait que des dépôts de ses sociétaires : « *Dans la demande d'agrément que nous avons présentée à la Banque de France en décembre 1988, et qui a été acceptée, nous avons déclaré ne pas vouloir recourir au marché financier. Tout l'argent que nous pouvons mettre sous la forme de prêts à la disposition de projets que nous souhaitons aider provient des sociétaires et des épargnants qui participent à notre action.* » Et Henri Nouyrit, qui explique cela en 1990 à un journaliste, en revient encore une fois aux fondamentaux de La NEF : « *Ce faisant, nous avons voulu que l'argent devienne un vrai lien entre les personnes et contribue si possible à la connaissance réciproque. Nous sommes donc aux an-*

tipodes de la manière anonyme, et on pourrait dire "égoïste", avec laquelle l'argent est généralement manié. » [6]

Élargir

En 1990, la Société coopérative de production (Scop) Ardelaine, installée en Ardèche, est en déplacement commercial à Paris. Quelques membres de l'entreprise tiennent un stand dans un salon bio et alternatif, « Vivre et travailler autrement ». Ils y vendent des pulls, des matelas et de la literie qu'ils fabriquent depuis cinq ans dans leur filature de Saint-Pierreville. Ils s'intéressent à tout ce qui se tente à l'époque en matière d'alternatives économiques. Justement, ce jour-là, dans le cadre du salon, se tient une conférence sur l'argent. Y est présenté un nouvel organisme financier qui vient de se créer. Gérard Barras, gérant d'Ardelaine, va écouter de quoi il en retourne. C'est ainsi qu'il découvre la Nef et rencontre pour la première fois Jean-Pierre Bideau. La jeune Scop ardéchoise cherche désespérément un financement pour installer une station d'épuration de l'eau qu'elle utilise pour laver ses laines de mouton. Ardelaine est alors en plein développement. Elle a un gros projet de musée de la laine et a déjà contracté un emprunt de 500 000 F (76 200 euros) auprès du Crédit coopératif. La station d'épuration coûte cher et les coopérateurs d'Ardelaine devinent ce qu'on leur dira : « Faîtes sous-traiter le lavage de la laine, compte-tenu des volumes que vous utilisez, l'investissement est disproportionné ! » Ceci revient à remettre en cause toute la stratégie de l'entreprise qui veut maîtriser elle-même l'ensemble de sa filière et maintenir toutes les activités sur son territoire. En rencontrant la Nef, Ardelaine pense avoir trouvé l'interlocuteur qui pourra à la fois comprendre la spécificité de son projet et, peut-être, lui donner vie en lui accordant sa confiance – c'est-à-dire, rappelez-vous, son crédit.

(6) Interview d'Henri Nouyrit par le journal de l'Association pour l'économie distributive, *La Grande relève* (vers 1990).

Gérard Barras remet aussitôt à Jean-Pierre Bideau un petit dossier de présentation du projet. Conformément aux usages de la maison, une rencontre est organisée *in situ*, à Saint-Pierreville. L'accord est conclu, sous condition habituelle de la constitution d'une caution solidaire : *« Ils acceptent de nous prêter 400 000 F (61 000 euros) sur sept ans. En garantie, ils ne nous demandent pas d'hypothèque, mais un cautionnement solidaire. Comme ils ne prêtent pas qu'aux riches, la sécurisation du risque peut être assurée par l'engagement solidaire d'un groupe de personnes. Nous serons douze coopérateurs à signer cet engagement. »* [7]

Le prêt accordé à Ardelaine restera dans la mémoire de la Nef comme l'un des tous premiers prêts accordés à une coopérative totalement étrangère à l'inspiration anthroposophique. Ses fondateurs viennent de l'économie alternative. Ce sont des enfants de la génération 1968, nourris d'éducation populaire, qui sont alors les actifs représentants du développement local endogène et du mouvement des « pays ». Ils seront plus tard à l'origine, avec quelques autres, du Réseau d'échanges et de pratiques alternatives et solidaires (1995). Ils ont une approche pragmatique des choses et ont vite compris que la Nef ne se contente pas de parler d'argent. Elle met en place, comme eux, des solutions pratiques à des préoccupations sociétales ou politiques. Sur le terrain, les deux sensibilités ne pouvaient que se rejoindre et la profession de foi qu'écrit Jean-Pierre Bideau en 1992 dans un éditorial de *Vif Argent*, le bulletin des sociétaires de la Nef, dit bien l'importance de l'action concrète. Son titre est très explicite : *« Du dire au faire ». « Qu'est-ce qu'un organisme bancaire aussi minuscule que la Société Financière de la Nef peut bien avoir à dire et à faire devant les événements considérables comme la préparation de l'Union monétaire européenne, les coups de boutoir encaissés par le Système monétaire européen, la persistance de taux d'intérêt trop élevés en France ? À dire ? Rien ! Ce sont*

(7) Béatrice Barras, *Moutons rebelles, Ardelaine, la fibre développement local*, éditions REPAS, 2014, page 124.

les personnes qui, individuellement, expriment des opinions (...) Cela veut-il dire qu'on ne peut rien "faire" en attendant ? Non, justement, avec la Société Financière on peut "faire" quelque chose, même si c'est modeste. » Et notre éditorialiste de conclure : « *La démarche de la Société Financière dans son domaine, est un moyen d'appliquer la vieille maxime : "Si tu veux changer le monde, commence par toi-même".* » [8]

Pour les fondateurs de la Nef, il était fondamental d'élargir le cercle de ses sociétaires, de ses emprunteurs, de ses associés. Il n'a jamais été question dans leur esprit, ils l'affirment plus d'une fois et le répètent à l'envie, de rester dans les réseaux anthroposophiques. Un positionnement qui ne s'est pas fait sans quelques grincements de dents de la part de certains acteurs du milieu anthroposophique ne comprenant pas le projet véritablement politique et global de l' « association-mère » et de sa fille. Mais, pour Jean-Pierre Bideau (dont le propre frère, Paul-Henri, présidait à l'époque la Société anthroposophique en France) comme pour Henri Nouyrit, les choses étaient claires dès le début : il ne s'agissait pas de faire une banque anthroposophique, par et pour les anthroposophes, mais bien de faire une banque éthique pour tout le monde. Rétrospectivement, Henri Nouyrit l'écrit : « *Les fondateurs, liés à titre personnel à des activités inspirées par les recherches de Steiner, ou connaissant les propositions sociales de celui-ci, n'ont (...) jamais voulu faire de la Nef une institution "inféodée" à quelque courant que ce soit (...) Dès lors le sociétariat de la Nef s'est composé de plus en plus de personnes venant d'horizons philosophiques ou religieux divers mais partageant une aspiration forte à expérimenter ensemble comment l'argent pouvait devenir serviteur de pratiques transparentes et solidaires au bénéfice de la société toute entière et notamment de ses besoins les moins satisfaits.* » Cela se traduit par l'évolution du sociétariat

---

(8) *Vif argent*, Bulletin de liaison des sociétaires et amis de La NEF et de la Société Financière de la Nef (l'on voit au passage dans ce sous-titre, qu'association et Société demeurent extrêmement liées), n° 16 (4° trimestre 1992).

de la Société financière : « *En 1988, par la nature des choses, 70 % du capital souscrit provenait de personnes physiques et de quelques personnes morales ayant des liens avec le courant steinérien, dix ans plus tard les sociétaires d'origine encore présents ne détiennent certainement pas plus de 15 % du capital social de la coopérative.* » [9] Quant aux projets soutenus, ils seront de plus en plus extérieurs au sérail originel, à tel point que dans un débat polémique où les origines anthroposophiques de la Nef seront brandies comme un épouvantail par quelques détracteurs, un sociétaire fera le petit calcul suivant : sur 409 prêts accordés en 2012 par la Nef, seuls sept ont quelque lien avec l'anthroposophie.

Cette ouverture se traduira par de nouvelles évolutions des statuts de l'association. Après les modifications de 1982 (ouverture de l'association aux personnes physiques) et de 1983 (abandon de la référence exclusive à l'anthroposophie), l'ouverture statutaire se poursuivra en 2000. Alors que la Société financière de la Nef existe déjà depuis une dizaine d'années, l'association réduit son nom à « *La NEF (Nouvelle Économie Fraternelle)* » et affirme son lien avec la Société financière en modifiant son objet qui devient : « *Apporter son appui à des initiatives économiques, sociales ou culturelles en relation avec l'activité de la Société financière de la Nef* » et « *mettre en œuvre toute forme d'entraide économique et financière* ». Quant à la référence à l'anthroposophie elle subsiste uniquement dans l'article 1 qui rappelle l'origine de l'association : « *L'Association La NEF a été créée en 1979, à partir des impulsions sociales de Rudolf Steiner, pour permettre une utilisation plus consciente de l'argent, être attentif aux besoins de la société et soutenir le développement d'une économie soucieuse de l'homme et de son environnement. Elle a donné*

(9) Henri Nouyrit : « L'origine de la Société Financière Coopérative de la Nef (dite la Nef) », document rédigé en décembre 2001 à la demande de Jean-Paul Viguier pour l'ouvrage Lettre ouverte à ceux qui veulent rendre leur argent intelligent et solidaire, Ed. Charles Léopold Mayer, 2003 (le texte d'Henri Nouyrit a été repris en grande partie dans ce livre, à l'exception de certains passages comme ce dernier).

naissance, en 1989, à la Société Financière de la Nef pour réaliser ces buts dans le domaine de l'épargne et du crédit. » La NEF n'est pas un esquif étroit réservé aux passagers dûment mandatés ; c'est une arche de Noé ouverte à tous les hommes de bonne volonté.

L'effort de promotion et d'information que les membres de l'association ont fait pour réunir en 1988 les 7,5 millions de francs, va se poursuivre durant les premières années de la Société financière. « C'est l'époque, se souvient Jean-Pierre Bideau, où nous n'étions pas très connus. Mais très vite, nous avons été sollicités pour faire des conférences dans des salons bio ou des manifestations de ce genre. Nous étions incroyablement surpris de voir à quel point l'écho était positif. Et le bouche à oreille s'est mis à fonctionner. » On a une idée de la densité des sollicitations et de l'effort fourni en consultant l'agenda des conférences dressé dans le bulletin interne d'informations destiné aux membres du Grand conseil. Prenons le cas du premier trimestre 1993. Henri Nouyrit enchaîne les colloques. Il intervient le 7 janvier sur le financement des initiatives alternatives, le 20 janvier à Lille, au Conseil régional, sur le thème « la banque solidaire » et le 28 dans un colloque de l'OCDE sur « banques et quartiers défavorisés ». Le 21 Jean-Pierre Bideau parle à la Cité des Sciences de La Villette dans un colloque pour la création d'une Fondation internationale pour l'environnement. Le 26, toujours à Paris, il est dans un Centre d'aide par le travail pour personnes handicapées et le 23 février devant les Verts de l'Allier. De son côté, Henri Nouyrit donne une journée de cours le 29 janvier pour le personnel de l'Office national des Viandes. Puis le voici le 14 février à Vazerac (Tarn-et-Garonne) à l'assemblée générale d'une association. À la fin du mois, quatre personnes tiennent pendant trois jours un stand sur le salon écologique Primevère de Lyon. Le 13 mars, Henri Nouyrit est à nouveau dans le Nord, à Ambricourt (Pas-de-Calais), pour une conférence devant un cercle d'étude sur l'économie rurale, puis deux interventions, à quinze jours d'intervalle, sont prévues à Cluny et deux conférences sont programmées les 27 et 31 mars à Paris et dans l'Allier. Parallèlement, les deux présidents et quelques administrateurs rencontrent la Caisse des dépôts et consignations, la fédération des Cigales, la Fondation pour le Progrès de l'Homme, l'Agence nationale pour la création d'entreprises, le réseau des plateformes d'initiatives locales, la Fondation France Active, l'Institut de développement de l'économie sociale et la délégation à l'Emploi du ministère du Travail. Ajoutez à cela, toujours sur cette période, quatre rencontres au plus haut niveau avec le Crédit coopératif et une grosse douzaine de réunions internes (une assemblée générale extraordinaire, deux commissions communication, quatre collèges de direction, un Grand conseil, un séminaire d'une journée sur « Pouvoir de l'épargne et responsabilité sociale » qui réunit 70 participants, deux réunions avec le commissaire aux comptes, etc.)... À cela s'additionne le travail quotidien qui sollicite toujours autant les administrateurs bénévoles. Durant ce même trimestre, 23 demandes de prêts font l'objet de leur attention : le CIEPAD [10] de Montpellier pour le financement de la construction d'une maison paysanne selon un module expérimental, une SARL de matelas et de futons, une association de jeunes artistes, une coopérative de distribution de produits bio, un commerçant forain en fruits et légumes bio, un maçon spécialisé dans la construction terre et paille, un créateur de jeux de société sur le thème de l'écologie, un bureau de conseil en communication, plusieurs agriculteurs, une boutique de gestion, une boutique de commerce équitable, une horticultrice, une société spécialisée dans les économies d'énergie, une association qui produit un « tourne pages » électronique pour personnes handicapées, un concepteur de mobilier pour des écoles maternelles, un boulanger, etc. On voit que le champ des sollicitations s'est élargi bien au-delà des écoles Steiner et des instituts de pédagogie curative des débuts, même si l'on sent bien la convergence de l'ensemble de ces projets vers l'écologie et une dimension d'utilité sociale manifeste. Bref, entre conférences, réunions, rencontres et études des dossiers, on perçoit à travers cet agenda du premier trimestre 1993 que la NEF-Nef (association et Société financière) ne laisse guère de loisirs à ses membres. Ceux-

(10) Carrefour international d'échanges de pratiques appliquées au développement.

ci savent que désormais ils ne peuvent plus faire marche arrière, qu'ils ont lancé un processus entraînant chaque jour de nouvelles demandes, de nouvelles questions, de nouveaux espoirs auxquels il faut répondre.

Cette année-là, un reportage passe à la télévision. Jean-Pierre Bideau s'en souvient : « L'émission nous décrivait comme le sauveur ! Tout le monde s'est alors jeté sur nous. Nous avons été submergés de demandes. Nous n'avions ni les moyens humains ni les moyens financiers de répondre à toutes les questions ! » En janvier 1994, le journal à fort tirage *Télé Loisirs* publie, sans aucune concertation avec la Nef, un article titré « Chômeurs, RMIstes, vos droits » qui présente la Nef comme une source de financement quasiment assurée pour la création de petites entreprises. S'ensuit un flux ininterrompu de demandes pendant deux mois ! De fait, beaucoup de personnes se tournent vers la Nef comme le dernier recours possible. Des chômeurs se disent qu'avec elle, ils pourront créer leur entreprise – ce qui se passe effectivement dans bon nombre de cas : en 1993 cela représentait 17 % des crédits accordés, 34 % en 1994 et 50 % en 1995. Sur 365 prêts mis en place de 1989 à 1995, 319 ont un objet qui relève de l'insertion, du secours, du caractère social de l'entreprise et d'actions à finalité écologique.[11] Mais il faut aussi faire le tri, expliquer à certaines personnes que la Nef ne peut pas tout, que ce n'est pas le lieu qui pourra répondre à leur détresse... Difficile travail, d'autant que les membres de l'association et de la Société se sentent responsables, au-delà de leur rôle strict, de la confiance que des personnes, même exagérément, mettent en eux. Ils recherchent alors des solutions de rechange aux demandes pour qui accorder un prêt ne saurait être la meilleure réponse. À une entreprise agricole qui veut emprunter pour un projet de production arboricole, nos « banquiers », conscients d'avoir là un « dossier très difficile », notent cependant dans leur compte-ren-

(11) Chiffres cités par Henri Nouyrit dans une lettre du 22 mai 1996 adressée à la Fondation « Solidarités ».

du : « Étude poursuivie pour raisons humaines ». À un porteur de projet vindicatif qui ne comprend pas pourquoi la Nef ne peut rien pour lui, Henri Nouyrit prend le temps d'écrire une longue lettre de deux pages dans laquelle il lui explique le rôle de la Nef, lui rappelle toutes les démarches que celle-ci a néanmoins consenti à faire pour l'aider et lui redonne des contacts particuliers auprès d'institutions qui pourraient mieux répondre à sa situation. Quelques extraits de ce courrier de juillet 1996, diront parfaitement l'esprit d'écoute et de compassion qui anime les responsables de la Nef, même lorsqu'il n'est pas compris ou perçu par leur interlocuteur : *« Une fois de plus, je vous le redis, la Nef n'est pas une institution comme le Secours catholique, c'est un organisme bancaire qui a l'obligation de gérer l'épargne de ses membres avec toute la sécurité nécessaire. Votre projet ne serait recevable que si le Conseil de la Nef pouvait acquérir la conviction qu'il est économiquement viable et que vous pourrez en maîtriser correctement la gestion (...) Je sais que toutes ces conditions sont pour vous difficiles à remplir et qu'elles provoquent en vous de l'impatience et même de la révolte. Alors ceci veut sans doute dire que la Nef n'est pas le bon organisme pour vous aider (...) Enfin, je veux vous faire observer que j'ai consacré, ainsi que Mme Ducourau, beaucoup de temps et de compréhension à votre égard, puisque la vocation de la Nef est précisément d'essayer d'adapter le financement bancaire à des situations difficiles, mais nous ne pouvons pas changer l'argent de prêt en argent de subvention. »* Illustration du courage de dire non.

Des projets à qui on a dit oui échouent cependant. On lit ainsi en marge d'une liste de réalisations financées que telle entreprise est en liquidation et qu'une caution de 10 000 francs ne sera pas recouvrée. Pour une autre, l'activité ne se réalise pas et les retards de mensualités s'accumulent. Ces échecs ne doivent pas cacher les bien plus nombreuses réussites qui poussent la Société à augmenter son capital. En 1993, après cinq années de fonctionnement, 12 millions de francs y ont été déposés, plus de 20 millions de francs ont été prêtés, répartis sur 230 dossiers. *« Ces quelques chiffres,* écrivent les présidents des deux Nef, *montrent que le besoin d'un organisme de crédit de cette nature existe bien et le passé récent nous montre qu'il grandit chaque jour (…) Ces demandes croissantes exigent que notre Société renforce sa structure financière.* » [12] Le conseil décide donc de porter le capital à 15 millions de francs, d'autant que la réglementation bancaire fixe là, en 1992, le capital minimum que toute société financière devra avoir atteint au 31 décembre 1997 ! Le seuil jugé inaccessible en 1986 est désormais l'objectif de la Nef. La mobilisation de capital nouveau, qui se poursuivra après 1997 comme une nécessité pour asseoir solidement la Société financière et répondre aux demandes pressantes dont elle est l'objet, est plus que jamais à l'ordre du jour. Nouveaux cycles de conférences, de rencontres, nouveaux partenariats, nouveaux investissements bénévoles des administrateurs de l'association comme de la Société... Malgré cette multiplicité d'activités Jean-Pierre Bideau prend pourtant le temps d'une réponse manuscrite à certains souscripteurs qu'il ne connaît même pas : « *Chers amis,* écrit-il à l'un d'eux, *j'ai lu attentivement votre lettre accompagnant votre souscription collective dont je vous remercie très chaleureusement pour la Nef. J'espère que la Nef se comporte bien comme « une parente » ; c'est en tout cas ce qu'elle cherche. Elle sait que toute banque est, en fait, partiellement responsable de ce qui arrive à l'emprunteur du fait qu'elle a accepté (ou refusé) de lui prêter de l'argent. Puissions-nous tous progresser dans notre sens des responsabilités.* » [13]

La fin du Grand conseil... et d'une époque

Voilà bientôt dix ans que la Société financière a été créée. De son côté l'association va souffler ses vingt bougies. Une nouvelle étape va être franchie avec la mise en place d'une nouvelle gouvernance au sein de la Société. Elle correspond à une double situation.

---

(12) « L'indispensable augmentation du capital de la Société Financière de la Nef », article signé H. N. et J.-P. B., *Vif argent* n° 18, page 7 (2e semestre 1993).

(13) Courrier manuscrit du 7 juin 1999 à un nouveau sociétaire.

Le premier élément est donné par Jean-Pierre Bideau : « Nous arrivions, Henri et moi, aux limites de nos compétences. Nous avions atteint le moment où il fallait nous adjoindre des gens qui avaient de vraies compétences bancaires. » Nos banquiers amateurs (qui avaient pourtant réussi tout ce qu'ils avaient fait sans doute parce qu'ils n'étaient pas, justement, de vrais banquiers) veulent donc passer la main à des professionnels. Jean-Pierre Bideau ne veut, ne peut plus assurer la fonction de PDG d'une Société financière qui a grossi, s'est complexifiée, est devenue un organisme plus tout à fait minuscule et le sera de moins en moins. Et puis, second élément, la proximité entre l'association et la Société financière n'est guère du goût des inspecteurs de la Banque de France qui, lors d'un de leurs contrôles réguliers, exigent que les deux institutions soient réellement séparées – et pas seulement « juridiquement ». Ils expliquent à son PDG : « Monsieur Bideau, vous ne pouvez pas être à la fois PDG de la Société financière et être en même temps vice-président de l'association dont votre vice-président, Monsieur Nouyrit, est le président... » Bref, il faut mettre un terme à presque une décennie de communauté de fait entre deux structures qui, aux yeux de leurs fondateurs, sur le fond, ne faisait qu'une.

La Société va donc profondément modifier ses statuts pour abandonner une gouvernance centralisée, avec conseil d'administration et PDG unique, pour un mode plus partagé, avec un directoire chargé de l'exécutif et de l'opérationnel, qui sera confié à des professionnels, et un conseil de surveillance, chargé des aspects stratégiques et du maintien des grandes orientations du projet. D'une certaine manière, s'inscrit alors dans les nouveaux statuts de la Société financière ce qui fut depuis dix ans le fonctionnement de la Société Nef avec l'association NEF. C'est Henri Nouyrit lui-même qui le constatait en 1991, anticipant sur l'évolution juridique à venir : *« À bien des égards,* écrivait-il, *nous pouvons ressentir que ce Conseil* [il s'agit du Grand conseil] *doit de plus en plus œuvrer comme un "Conseil des sages", ou, pour prendre une référence juridique, comme un "Conseil de surveillance", plutôt que comme un organe de gestion opérationnel. Et de fait, dans la vie du "groupe*

NEF", la pratique liée aux missions accomplies a peu à peu introduit une séparation entre plusieurs niveaux opérationnels plus ou moins spécialisés et le niveau de synthèse où l'unité du groupe se cultive. Tous les membres du Conseil de La NEF doivent se sentir unis dans cette "culture" de la cohérence et dans la responsabilité du destin du "groupe". Par contre, tous les membres du Conseil ne peuvent pas être effectivement impliqués dans les niveaux opérationnels, d'où il résulte une division du travail qu'il faut considérer comme saine et nécessaire. Les membres du Conseil impliqués pour l'essentiel de leur temps dans la gestion de nos structures constituent une sorte de "conseil de gestion" ou, pour reprendre la référence juridique, un "directoire", qui devrait être investi des responsabilités correspondantes aux tâches à accomplir pour atteindre les buts fixés par le Conseil du "groupe". » [14]

Ce changement d'organisation a tout pour plaire à Jean-Pierre Bideau. En 1988, il avait accepté à contre-cœur le statut d'une société anonyme à conseil d'administration avec PDG qui incarnait pour lui une centralisation excessive. Il y avait le risque d'une prise de pouvoir abusive de la part d'un seul homme qui cumule les fonctions de contrôle et les fonctions de direction générale. Sans compter l'origine douteuse à son goût d'un tel poste, créé en 1940 par le régime de Vichy... Son cœur penchait plutôt pour le modèle en vigueur outre-Rhin où les pouvoirs sont généralement répartis entre un conseil de surveillance et un directoire. Mais à l'époque, le Crédit coopératif avait poussé vers la première option, prétextant la lourdeur du système à double conseil et l'usage français sans doute marqué par un héritage monarchiste ou jacobin. Les choses sont donc reconfigurées : la Société dispose désormais d'un directoire et d'un conseil de surveillance. Jean-Pierre Bideau présidera ce dernier, laissant les fonctions opérationnelles au directoire. Henri Nouyrit abandonnera la présidence de l'association et rejoindra lui

(14) Henri Nouyrit : « Réflexions et propositions relatives à l'organisation de notre travail », lettre aux membres du Conseil, 12 juin 1991.

aussi le conseil de surveillance. L'association-mère voit réellement partir sa fille. Et, d'une certaine manière, ses pères...

Ces modifications importantes entraînent un questionnement immédiat au sein de l'association. Est-elle encore utile ? Elle a été à l'initiative et a accompagné pendant dix ans les premiers pas de la Société financière. Cette dernière est désormais autonome et va vivre sa propre vie. Quel serait donc désormais le rôle de l'association ? Dans une note de 1998, Henri Nouyrit et Jean-Pierre Bideau posent clairement la question de son avenir. Ils constatent que beaucoup des missions de l'association ont été transférées au sein de la Société financière. Ils récusent l'idée d' « *une coupure entre le culturel du côté de l'association et le technique du côté de la Société Financière* ». Ils admettent que les missions de l'association « *sont marquées par une certaine ambiguïté et une sorte de caractère supplétif puisque la plupart de ses missions visent au développement de l'activité de la Société Financière, et non plus de l'Association elle-même.* » Ils concluent que « *la principale justification du maintien de l'association est fortement reliée au passé plutôt qu'à l'avenir* » et qu' « *il serait tout à fait malsain de vouloir faire perdurer une situation qui était liée à la genèse de La NEF et à la personnalité de ceux qui en ont été les acteurs. Le cœur de La NEF, ajoutent-ils, bat désormais dans l'organisme bancaire.* » [15]

Avec le départ d'Henri Nouyrit de la présidence et celui de Marie-Thérèse Ducourau qui, après quinze ans d'activité professionnelle (1983-1998), va prendre sa retraite tout en restant dans le conseil, une page est indubitablement tournée. Le conseil d'administration doit donc statuer sur l'avenir de l'association. Ses fondateurs en précisent l'ordre du jour :

(15) « Place de l'association dans l'évolution de la Société Financière », note de Henri Nouyrit et Jean-Pierre Bideau préparatoire au conseil d'administration de l'association du 17 octobre 1998.

« À supposer que l'on dissolve l'association, comment pourrait-on faire perdurer le rôle joué actuellement par son Conseil "cercle de réflexion" ?

À supposer que l'on dissolve l'Association, quel message délivre-t-on à ses membres ?

Si on la dissolvait, à qui serait dévolu le solde liquidatif ?

À supposer que l'on maintienne l'Association, quelle mission foncièrement spécifique lui conférerait-on ?

À supposer que l'on maintienne l'Association, quelles forces humaines devraient se manifester qui lui soient également spécifiques ? »

À lire ces questions, on voit que leurs auteurs penchent pour la dissolution. Ils ne sont pas les seuls. Suite à une première réunion, deux administrateurs résument l'état d'esprit du moment : *« Nous avons le sentiment d'avoir aligné un grand nombre de bonnes raisons pour aller vers la dissolution de l'association. Pour les résumer, peut-on dire : "Si l'association n'a plus de mission spécifique, sachant que tout ce qu'elle a accompli jusqu'à ce jour doit maintenant battre au cœur de la banque, n'est-il pas plus sain de dissoudre" ? »* Un autre, malgré son regret de la voir s'arrêter, s'y résout tout en souhaitant que *« naisse une dynamique autour de l'idée qu'un groupe d'individus puisse continuer la recherche et le développement des grands principes élaborés par Rudolf Steiner dans le domaine de l'économie. »* D'autres avis divergent : *« Pour l'association La NEF : ce serait bien de faire de La NEF un organisme de caution pour faciliter les prêts cautionnés »* ; *« Je pense personnellement qu'il serait souhaitable d'en maintenir l'existence (en modifiant éventuellement les statuts) »* ; *« L'association NEF occupe une place irremplaçable pour répondre à des interrogations, à des situations, à des questionnements socio-culturels que seule une structure associative peut aider à faire progresser, en dehors de toute pression contingente »* (le même imagine une association « chambre de réflexion », « laboratoire d'idées ») ; *« Un autre aspect qui plaide en la faveur de l'existence d'une association, c'est le besoin réel de générer de l'argent de don ».*

Fin 1998 et début 1999, cette intense activité réflexive agite les membres de La NEF. Plusieurs réunions seront nécessaires en réalité pour répondre à toutes les questions posées, pour peser tous les arguments, pour faire ce qui apparaîtra comme le bon choix. Si la dissolution de l'association est alors clairement envisagée par tous, et même souhaitée par quelques-uns, l'hypothèse de sa continuation ne s'imagine jamais comme la simple perpétuation de ce qu'elle fut. C'est, a minima, d'une refondation qu'il s'agit. Le 6 mars 1999, le conseil d'administration finit par trancher : la décision est prise de poursuivre l'association ; ses statuts seront bientôt modifiés ; un nouveau président succèdera à Henri Nouyrit. Une phase inédite de l'existence de l'association pourra alors commencer sous les auspices favorables d'une clarification des rôles qui correspond au développement et à la maturité de la Société financière. C'est pourtant le moment où, sans s'y attendre, les deux institutions vont devoir à nouveau faire cause commune pour affronter ce qu'elles vont recevoir alors comme un véritable coup de massue.

Chapitre 6

Turbulences

« Les statuts d'origine exprimaient le projet de mettre en œuvre les idées sociales de Rudolf Steiner, car c'est ce qui animait les personnes qui ont lancé l'association. Aujourd'hui nous vous proposons de considérer cette époque comme passée. Comme un fruit détaché de l'arbre, le mouvement porte en lui-même ses propres idées dont chacun peut se saisir et qui ont une valeur en elle-même sans nécessité d'allégeance à qui que ce soit. »

Philippe Leconte,
président de l'association La NEF de 1999 à 2004 [1]

Le 29 mai 1999, l'association La NEF tient son assemblée générale annuelle. Celle-ci est particulière puisque c'est elle qui va officialiser les décisions prises au cours des mois précédents. C'est une AG de refondation qui se traduit par l'élection d'un nouveau conseil d'administration dans lesquels les deux fondateurs de La NEF ne sont plus présents. À l'exception de Jean-Pierre Caron qui endosse la responsabilité de trésorier, le bureau est constitué de personnes qui n'étaient pas parmi les pionniers de La NEF. Le nouveau président est Philippe Leconte. C'est lui qui, en 1987, avait demandé

(1) Rapport de Philippe Leconte à l'assemblée générale de La NEF du 29 mai 2000.

à Jean-Pierre Bideau d'intervenir à l'école de Verrières-le-Buisson dans un cycle de conférences sur l'économie dont il était le maître d'œuvre. Il se souvient très bien de ce 24 mars 1987 où, parent d'élève, il signe son adhésion à un projet auquel il consacrera beaucoup de temps, d'abord comme simple membre de l'association, puis, à partir de 1991, comme administrateur. À ses côtés, Marie-Thérèse Ducourau, arrivée en 1984 dans l'aventure et désormais retraitée, devient vice présidente et Gilles Droulers, le jeune architecte qui avait contacté La NEF pour un prêt au nom du Béal en 1982, vice-président. Le secrétariat est confié à Serge Alquier. C'est la personne qui, à Carcassonne, était venue trouver Henri Nouyrit à la fin d'une conférence pour lui proposer ses services et qui a une longue « carrière » de correspondant local de la Nef derrière lui. Il sera épaulé par un secrétaire adjoint : Philippe Clairfayt qui, après avoir longuement côtoyé la Nef dans l'Allier, dont il est originaire, est entré au conseil d'administration en 1997 (c'est lui qui, en 1989, déposait avec son épouse 300 francs dans la toute jeune Société financière...). Lorsque les adhérents se séparent à l'issue de cette assemblée générale, ils ne se doutent pas que moins de deux semaines plus tard, leur association, et la Société financière avec, vont rentrer dans une zone de turbulences particulièrement déstabilisante.

Dix jours qui ébranlèrent La NEF

Le 10 juin 1999, est déposé sur le bureau du président de l'Assemblée nationale un rapport réalisé par la « Commission d'enquête sur la situation financière, patrimoniale et fiscale des sectes » [2]. Son président est le député socialiste de l'Essonne, Jacques Guyard, et son rapporteur le député-maire communiste de Montreuil, Jean-

(2) Rapport fait au nom de la commission d'enquête sur la situation financière, patrimoniale et fiscale des sectes, ainsi que sur leurs activités économiques et leurs relations avec les milieux économiques et financiers, Assemblée nationale, 11e législature, n°1687.

Pierre Brard. Intitulé « Les sectes et l'argent », le rapport dénonce une trentaine de sectes qui, selon la typologie établie par les députés, vont des « alternatives qui préconisent une organisation radicalement différente de la société et des rapports humains » aux « ufologiques » ou « soucoupistes » qui « entrent en communication avec les extra-terrestres », en passant par les « apocalyptiques », les « évangéliques », les « guérisseuses », les « néo-païennes », les « nouvel-âgiennes », les « occultistes », les « orientalistes », les « pseudo-catholiques », les « psychanalytiques ou pseudo-psychanalytiques », les « sataniques et lucifériennes » et les « syncrétistes ». Dans ce méli-mélo idéologique et religieux, la première des sectes dénoncée est, ordre alphabétique oblige, l'anthroposophie !

Mais l'accusation ne s'arrête pas là. Elle vise directement l'association et la Société financière. Sous le titre *« la technique de la fraternisation financière »*, les députés accusent celles-ci de financer la « secte ». Et pire, d'en être l'instrument financier : *« Cette technique consiste à convaincre les adeptes de placer leur argent dans un organisme spécialisé dans l'octroi des prêts à des projets ou pour des secours qui ne trouveraient pas leur financement dans le circuit bancaire normal. Ainsi, il est promis à l'adepte, en situation de déposant, des taux d'intérêt supérieurs à ceux du marché et à l'adepte en situation d'emprunteur des concours qu'il ne pourrait obtenir autrement. Naturellement, dans l'univers sectaire, le procédé s'intègre dans un discours qui se veut chaleureux et englobant, comme en témoignent les documents de présentation de la "Nouvelle Économie Fraternelle", société financière de l'Anthroposophie. »* [3]

La NEF sera un des trois exemples utilisés par les députés pour montrer comment *« certaines sectes ont mis en place des structures spécifiques afin d'assurer le financement de leur organisation »*. En annexe au rapport, l'association et la Société sont textuellement présentées comme les « structures de financement » de la « secte ».

---

(3) Page 107 du rapport parlementaire.

Le patrimoine immobilier de la « secte » est évalué à 33 millions de francs minimum : on y retrouve le château de Bouquetraud et le domaine de La Mhotte, les bâtiments à usage pédagogique de Chatou… c'est-à-dire les locaux des écoles Waldorf et des établissements liés à l'anthroposophie. Le « réseau économique » de la « secte », outre une « banque » (la Nef), recense toutes les écoles Steiner, les laboratoires des produits Weleda et même une exploitation minière… parce qu' *« un adepte* [y] *occupe une position stratégique »*.

Si les députés manifestent une méconnaissance de la réalité de la Nef lorsqu'ils évoquent des *« taux d'intérêts supérieurs à ceux du marché »* pour les déposants, les autres informations qu'ils donnent concernant l'association comme la Société financière sont justes, puisqu'ils sont manifestement puisés sur les documents de communication des deux structures, documents accessibles à tous. Pourtant aucune explication convaincante (en réalité aucune explication du tout) n'est donnée pour attester un tant soit peu que l'anthroposophie est une secte et les deux Nef ses vassales. Aucune justification de leur inscription sur cette liste noire ! Le rapport affirme seulement que l'anthroposophie est une secte, point final. L'anathème étant ainsi lancé par les députés, le fait doit être considéré comme acquis. Un rapport parlementaire n'a certes pas force de loi, mais il a tout de même le poids d'un document officiel émanant de personnes a priori sérieuses et responsables. Si les 15 députés de la commission d'enquête, de toutes obédiences confondues (RPR, UDF, Démocratie libérale et indépendants, Parti socialiste, Groupe radical, citoyen et vert et Parti communiste) disent à l'unanimité que secte et anthroposophie ne font qu'un, c'est que cela doit être vrai. Au moins, est-ce probable (vous savez bien : il n'y a pas de fumée sans feu…). Alors ? Les écoles Waldorf : sectes ! La biodynamie : secte ! La Nef : secte ! Les médias s'emparent du rapport et tous ceux qui ont quelque intérêt à affaiblir la Nef ou qui n'apprécient pas ses origines vont faire leur miel des assertions infondées des honorables parlementaires.

Le vrai coup de massue tombera une semaine plus tard, le 17 juin 1999, lorsque le président de la commission, Jacques Guyard, est invité sur le plateau du journal télévisé de France 2. Fatalité de l'alphabet ? Les journalistes qui interviewent le député vont l'interroger principalement sur l'anthroposophie : *« Sur quels critères cette communauté a-t-elle été classée sous le nom de secte ? »* Les mots de Jacques Guyard vont aller plus loin que la prose de son rapport : *« Elle est typique. Tous ces mouvements sont d'abord séduisants, et puis il s'avère que leur objectif principal, c'est quand même ou de détourner de l'argent, ou d'exercer un pouvoir absolu sur des personnes et de les utiliser (…) Là, il y a endoctrinement tout à fait clair. Il y a des manuels, des apprentissages obligatoires, il y a le fait d'obliger à vivre en collectivité, qui est une manière de tenir les gens, qui abandonnent en général tous leurs biens à la collectivité (…) D'abord, elle collecte des dons qui ont un caractère visiblement obligatoire, c'est-à-dire que l'on est forcé de verser des cotisations qui sont confortables. D'où ce revenu qui a été annoncé. Vous savez, c'est un petit groupe, l'anthroposophie. Ils ne sont pas très nombreux. Pour produire plus de trente millions de francs, eh bien il faut presser le citron, si j'ose dire. Et puis, par ailleurs, l'aspect médical est inquiétant. On a des exemples, des témoignages précis de malades de maladies gaves, qui ont cru qu'ils pouvaient arrêter tous les traitements parce que l'anthroposophie allait les guérir. »* L'audience de ces propos est considérable.

Défense

À La NEF, c'est la consternation : « Sur le moment, nous avons été très choqués. Comment pouvait-on écrire ou dire des choses pareilles ? » s'interroge Jean-Pierre Bideau qui, après rapide concertation avec Henri Nouyrit et les autres membres de l'association, est envoyé en première ligne pour répondre aux propos du député. C'est lui qui ira dix jours plus tard, le 26 juin, dans le Journal télévisé de France 2 tenter de corriger les errances du parlementaire et d'expliquer ce qu'est réellement La NEF.

Heureusement, se font aussi entendre d'autres réactions. Dans *Le Monde*, le journaliste spécialiste des religions, Henri Tincq, met le holà au délire. Plusieurs responsables du Crédit coopératif montent au créneau et alertent sur le fait que la Nef n'a rien à voir avec une secte. Mais le mal est fait : pour beaucoup, les vertueux banquiers qui s'acharnent depuis 20 ans à réinventer la monnaie et à construire des rapports économiques plus solidaires ne sont en réalité que d'horribles conspirateurs qui manigancent des montages juridiques complexes et bernent de naïfs déposants pour détourner de l'argent au profit d'une secte ! D'autant que les élucubrations ne s'arrêtent pas là et qu'on entend ici ou là n'importe quoi : « Il a été dit, complète Jean-Pierre Bideau, que les gens donnaient leur patrimoine à la société anthroposophique, que les gens faisaient des sacrifices d'animaux les jours de la pleine lune ou à la Saint-Jean, des tas de choses de cette nature ! »

Après la prestation télévisée de Jean-Pierre Bideau, la seconde réponse de la Nef sera judiciaire. Avec deux autres associations liées à l'anthroposophie (une association de médecins et la fédération des écoles Steiner), elle attaque le président de la commission parlementaire pour diffamation. Le 21 mars 2000, le tribunal jugera que les assertions mettant en cause l'anthroposophie comme secte sont infondées et que le travail des députés n'a pas été sérieux : *« Force est de constater, concluent les juges, que Monsieur Guyard a formulé des accusations à la télévision contre un mouvement au sujet duquel il n'était pas en mesure de justifier d'une enquête sérieuse (...) Aucun des documents produits n'est pertinent au regard des accusations de manipulations mentales, pressions financières, détournements de fonds et pratiques médicales mettant en péril la vie des malades. »* [4] Le député est condamné à 20 000 francs d'amende et 90 000 francs de dommages-intérêts.

(4) Cité dans « Jacques Guyard condamné pour avoir qualifié le mouvement anthroposophe de secte », *Le Monde*, 23 mars 2000.

Mais le parlementaire fait appel. Le 6 septembre 2001, les juges confirment le caractère diffamatoire des propos tenus, mais, estimant que Jacques Guyard n'avait fait que « *reprendre des accusations figurant dans un rapport officiel* », lui reconnaissent l'excuse de la bonne foi et le mettent hors de cause. Dit autrement : ce n'est pas Monsieur Guyard qui a diffamé. C'est un rapport parlementaire. Celui-ci étant un document « officiel », les juges ne peuvent pas le condamner ! Le duel judiciaire aurait pu encore se poursuivre, mais La NEF décide d'arrêter là et de concentrer ses efforts sur l'explication en répondant tous azimuts aux interrogations qu'a suscitées toute cette affaire. Quand on lui demande aujourd'hui ce qu'il retient de sa présidence de l'association (1999-2004), Philippe Leconte fait aussitôt référence au maelström déclenché par cette accusation terrible : « Nous avons été très marqués par ces attaques. Dans un premier temps, nous avons été désarçonnés : comment fallait-il réagir ? Nous avons écrit à un certain nombre de personnes, nous avons expliqué, nous avons dû nous justifier, rassurer, nous défendre... C'est vrai que pendant toute une période, nous avons été tétanisés. Nous sommes rentrés dans notre terrier, nous évitions de trop communiquer, nous ne voulions plus faire de bruit... »

D'autant que certains s'engouffrent dans la brèche et lancent l'hallali sous la forme d'articles ou de livre. Le journaliste Paul Ariès contacte Henri Nouyrit et lui explique qu'il veut enquêter sur l'anthroposophie, savoir exactement ce qu'il en est et se faire sa propre opinion. Henri le reçoit, lui communique de nombreux documents, lui explique sa vision des choses, l'incite à visiter les réalisations liées à l'anthroposophie et échange de nombreux courriers. Lorsqu'en 2001, son livre sort sous le titre racoleur et complotiste de *L'anthroposophie : enquête sur un pouvoir occulte*[5], Henri Nouyrit le vit comme une trahison, comme un coup de poignard dans le dos. Il pensait avoir trouvé une oreille attentive et un esprit ouvert ; le

(5) Éditions Golias, 2001.

brûlot qu'il découvre est en fait une charge contre l'anthroposophie qui embarque dans sa critique toutes les réalisations qui s'en réclament, la Nef comme les autres. L'auteur est sans doute persuadé de faire œuvre utile et de déciller ainsi les yeux engourdis de ses amis écologistes et alter-mondialistes qui croyaient avoir trouvé dans la Nef la « banque verte » dont ils rêvaient dans les années 1980-1990. La méfiance dont a été victime un temps la Nef, en particulier dans ces milieux (écologistes, biologiques, « alternatifs », progressistes), qui a priori se sentent pourtant proches du projet et des idées qu'elle défend, s'explique en partie par la réticence d'une partie de ceux-ci devant des actions dont l'inspiration est d'ordre spirituel – dimension incontestable de l'anthroposophie. Plusieurs années avant les accusations de secte, le Réas (Réseau de l'économie alternative et solidaire) avait déjà eu quelques frictions avec la Nef sur le sujet. Une fois l'épisode passé, le directoire du Réas en avait bien analysé les raisons : « *Ce moment de tension,* écrivaient-ils à Henri Nouyrit en 1996, *aura peut-être le mérite de nous inciter à réfléchir à l'articulation entre des entrées spécifiques dans l'Économie Solidaire : l'une fondée sur l'éthique et la spiritualité, l'autre plus sociétale et politique, correspondant à celle du REAS et à des traditions plus anciennes de l'Économie Sociale.* » Leurs conclusions allaient dans le sens de la reconnaissance explicite de ces héritages sans en faire des carcans et sans tomber dans l'anathème : « *Nous croyons important, surtout quand il s'agit d'outils de financement, que les valeurs et finalités dont ils se réclament soient explicites. Nous observons à cet égard que le référent anthroposophique et steinerien de la Nef est si peu connu dans le grand public que naissent forcément de cette indétermination toutes sortes de rumeurs.* » [6]

C'est également dans la suite de cette affaire que la Société financière décide de se doter en 2001 d'un comité d'éthique pour « *s'entourer de personnalités garantissant, vis-à-vis du contexte exté-*

(6) Lettre du directoire du Réas (Jacqueline Lorthiois, présidente, Jacques Archimbaud, Emmanuel Antoine et Simone Scaraffiotti) à Henri Nouyrit, 29 mai 1996.

rieur, la déontologie des activités de la Nef ». [7] Institué comme une réponse aux accusations de secte, il mettra quelques années pour trouver son bon tempo de fonctionnement et sa véritable place dans le dispositif institutionnel de la Société financière.

Contre vents et marées

La période de turbulence déclenchée en 1999 par le rapport parlementaire n'empêchera pas la vie de l'association de continuer. Elle ne peut se cantonner à rester sur la défensive et à parer les coups. Elle doit ouvrir d'autres chantiers pour poursuivre sa mission. Ses membres, meurtris, ne peuvent pas baisser les bras. Lors de l'assemblée générale de 2000, Philippe Leconte invite à regarder de l'avant : *« L'association doit avoir une vision vers l'avenir. Nous avons deux objectifs : aider la Société financière à réaliser son objet ; développer et créer de nouvelles formes d'entraide sociale par le biais de l'argent. »* [8] Ces deux directions se traduiront par la création d'un fonds de garantie et par la prise en charge par l'association de l'argent de don.

C'est ainsi que sera créée deux ans plus tard la « garantie solidaire », un fonds de garantie pour les prêts qui n'arrivent pas à mobiliser suffisamment de cautions. Comme l'explique, en 2000, Philippe Leconte, *« on constate aujourd'hui qu'il n'y a pas vraiment de problèmes d'argent. Ce qui manque, ce sont les projets, la confiance, les garanties. Si un groupe de personnes décide d'entourer un porteur de projet, la confiance s'installe et l'argent vient, car des garanties sont données »*. Cependant, force est de constater que, selon la taille et l'ambition du projet, ces garanties sont parfois insuffisantes.

(7) Note rédigée par Béatrice Poncin, le 17 mai 2012, à l'intention du conseil de surveillance de la Nef.

(8) Rapport du Président, compte-rendu de l'Assemblée Générale ordinaire du 29 mai 2000.

Montée avec la Fédération européenne des banques éthiques et alternatives (FEBEA), la « garantie solidaire » est là pour y palier. Ainsi, *« lorsque la Société financière voudra apporter son concours à un projet et qu'il manquera certaines garanties, le fonds pourra intervenir »*.

Autre formule où l'association intervient en soutien indirect à la Nef : le prêt d'honneur ou le don, destiné à un emprunteur en difficulté. L'association prend alors en charge le remboursement d'un emprunteur défaillant en lui permettant, grâce au don qu'elle lui fait, de rembourser son emprunt. En 2000, elle a ainsi pris en relais pour 161 000 francs (24 544 euros) de prêts en souffrance. *« Dans le cas où nous avons la conviction que la volonté de rembourser est là malgré une situation devenue exceptionnellement difficile, il devient possible de changer le rapport de l'emprunteur à cette dette »* expliquait alors Philippe Leconte. Il se souvient d'un restaurateur dont l'établissement avait fait faillite et qui devait encore 300 000 francs (45 734 euros) à la Nef. L'association décidera de lui donner 130 000 francs (19 818 euros) pour le désendetter d'autant... et permettre à la Société financière de ne pas assumer la totalité de cette perte [9]. Le rôle de l'association s'apparente alors à celui d'une fondation aux côtés de la Société financière. En 2002, son président assume cette position de manière volontariste : l'association *« n'a pas vocation à être une entité en soi, indépendante de la Société Financière, mais est un instrument de caractère associatif intervenant essentiellement dans le domaine du don. »* [10] Il faut se rappeler que l'objet de l'association affichait alors un lien direct avec la Société : *« Apporter son appui à des initiatives économiques, sociales ou culturelles en relation avec l'activité de la Société financière de la Nef »*. Significativement, son rapport annuel est joint au journal des sociétaires de

(9) De 2003 à 2008, le fonds de garantie solidaire a pu garantir 270 projets et, sur ces prêts, couvrir 51 défaillances.

(10) Rapport du Président, compte-rendu de l'assemblée générale de l'association du 25 mai 2002.

la Société financière et les assemblées générales des deux structures sont systématiquement couplées. Même si les deux entités sont clairement séparées, dans l'esprit de beaucoup et, en partie, dans les faits, elles ne font souvent qu'une – ou presque. Certains membres adhèrent à l'association uniquement parce qu'ils ont fait un emprunt à la Nef, et l'homonymie des deux entités entretient, malgré elle, la confusion.

Forte de 400 membres environ, un noyau plutôt stable 10, l'association tourne dans ces années-là avec un budget modeste (autour de 100 000 euros) alimenté pour l'essentiel par les cotisations des membres (entre 15 000 et 18 000 euros) et l'abandon des intérêts des livrets Nef (46 000 euros en 2001, 60 000 en 2002, 65 000 en 2003, 71 000 en 2004 et 100 000 en 2005). Son fonctionnement est volontairement réduit au minimum afin de dégager le maximum d'argent de don pour soutenir des projets. En gros, les cotisations couvrent les frais de fonctionnement (y compris le poste à temps très partiel d'une personne) ce qui permet de consacrer au don l'argent provenant des intérêts abandonnés. Avec une idée qui avance petit à petit dans les esprits des administrateurs de La NEF : utiliser cet argent dans un domaine qu'ils ont encore peu exploré, le soutien en amont du prêt. « *L'association,* commencent-ils à imaginer, *pourrait faire des dons pour donner une impulsion au départ de certains projets.* »

L'association aura donc entretenu le feu d'une utopie qui continue à stimuler son projet. Elle a traversé l'épreuve – avec difficulté – mais tenu le cap même si, comme le reconnaît Philippe Leconte, « il y a eu un creux pendant lequel toute la vie était plutôt du côté de la Société financière. » Cette ponction d'énergie qui a aspiré vers celle-ci des acteurs majeurs de l'association (Jean-Pierre Bideau et Henri Nouyrit sont depuis 1999 au conseil de surveillance de la Nef) va se répéter une seconde fois au cours de l'année 2004.

---

(11) Nombre d'adhérents à l'association d'après les comptes-rendus d'assemblées générales : 400 en 1999 et 2000, 503 en 2001, 356 en 2002, 392 en 2004, 390 en 2005.

Retraité en 1993, Henri Nouyrit a décidé de quitter la région parisienne et, en 1996, est revenu s'installer dans le Lot, faisant ainsi retour sur les terres de son enfance. De là, il continue à être très actif dans la Nef, même si son élection en 2001 comme maire de sa commune, Cabrerets, lui laisse moins de temps. Mais, rattrapé par la maladie, il s'éteint le 21 mars 2004, à l'âge de 73 ans. L'association, orpheline, accuse le choc : « *L'échange avec Henri était un don. Même une demande de sa part était un don, car elle donnait l'occasion de participer à une œuvre de sens, elle donnait l'espoir dans la possibilité que le monde change.* » Ainsi se terminait l'hommage que La NEF lui rendra après sa mort.

Quelques mois plus tard, Jean-Pierre Bideau est victime d'un grave accident cardiaque. Son état de santé l'empêche de reprendre ses fonctions de président du conseil de surveillance de la Société financière. Une fois encore, c'est vers l'association que celle-ci va se tourner en sollicitant Philippe Leconte qui accepte de lui succéder. La NEF voit ainsi partir son deuxième président.

En 2004, pour l'association comme pour la Société financière, une page est définitivement tournée.

Interrogations

En 2000, le président de l'association, Philippe Leconte, notait qu'un risque de banalisation pouvait un jour guetter la Nef (il parlait alors de la Société financière) : « *Les contraintes économiques, les situations humaines et toutes les pressions extérieures ne vont-elles pas conduire la Nef à devenir quelque chose de relativement incolore, sans esprit, sans ligne directrice et finalement une banque comme toutes les autres banques ?* » En 2006, Béatrice Barras, présidente du comité d'éthique de la Société financière écrivait dans son rapport annuel : « *Après une phase de création toujours passionnante dans un mélange chaleureux de relations humaines et d'innovation, la Nef connaît une phase normale d'institutionnalisation qui conduit à la nécessaire différenciation des fonctions qui ne s'imposait pas dans la phase de création. La distance prise par les fondateurs (décès d'Henri Nouyrit et éloignement temporaire de Jean-Pierre Bideau pour des problèmes de santé), l'apparition progressive de nouveaux acteurs tant salariés que bénévoles exigent une phase de "re-fondation" éclairant le fonctionnement des structures et précisant les rôles et responsabilités des personnes.* » Or, l'un comme l'autre, à six ans de distance, répondaient au risque de la banalisation comme à la réalité de l'institutionnalisation par le même mot : vivant ! Béatrice Barras : « *Il ne faut pas craindre l'expression des dissensions dans la mesure où les rôles et le rapport entre les différentes instances de la Nef sont bien définis. C'est ainsi que la Nef restera un projet «vivant» apportant une alternative à la hauteur des espérances de ses sociétaires.* » [12] Philippe Leconte : « *Comment éviter la banalisation ? La réponse est, à mon point de vue, cachée dans chacun des individus qui se lie à ce projet : ce sont les vivants qui manifestent leurs idées par des initiatives.* » [13]

Cet état d'esprit est aussi celui qui caractérise l'association. Après la mort d'Henri Nouyrit, le retrait de Jean-Pierre Bideau et le départ de Philippe Leconte, La NEF va rentrer à nouveau dans une phase d'interrogation. Au moment de la création de la Société financière (1989), sa légitimité avait été réaffirmée par ses fondateurs, mais elle n'occupait plus la première place dans le projet qu'elle portait depuis dix ans. C'est sa fille, enfant encore immature et demandeuse, qui concentrait toutes les attentions. Dix ans plus tard, au moment où la Société financière se structure et se consolide et où elle n'a plus vraiment besoin de sa mère, c'est son existence même qui est questionnée. Elle frise la dissolution et ne subsistera finalement qu'après un profond travail d'analyse sur sa raison d'être. Après la période pionnière et exaltante où tout s'invente (1979-1984), celle

(12) Rapport du comité d'éthique de la Nef lors de la l'Assemblée générale de 2006.

(13) Rapport du Président, compte-rendu de l'Assemblée Générale ordinaire du 29 mai 2000.

où il faut relever le défi posée par la loi bancaire (1984-1989), celle, enfin, où il faut, vaille que vaille, batailler pour faire exister un organisme financier alternatif encore fragile (1989-1999), elle a, coup sur coup, dû faire front aux attaques extérieures et aux départs de ses fondateurs. Pour le moment, elle continue pourtant à avancer, même si couve une crise existentielle. À quoi peut-elle donc bien servir ? A-t-elle encore un sens ?

Reprendre la maîtrise de son destin

Ne noircissons pas le tableau pour autant. Pendant plusieurs années, La NEF, sur sa lancée, continue son action aux côtés de la Société financière. L'appui qu'elle apporte à son développement est juridiquement moins direct. Il se fait, par exemple, avec la création en 2007 d'un fonds de soutien à l'agriculture biologique et bio-dynamique destiné à bonifier les prêts réalisés par la Société financière sur ce type de projets [14]. Elle intervient là où la faiblesse des garanties ou des retours sur investissement justifie que soit injecté de l'argent de don. Dans son rapport de 2005, le nouveau président de La NEF, Serge Alquier, l'explique clairement : « *Est apparue la nécessité d'apporter l'aide nécessaire pour offrir à un plus grand nombre de personnes la possibilité d'accéder au crédit, même dans des cas réputés plus difficiles tels que la création d'entreprise, les prêts complexes et de petit montant. Dans ces situations, la marge bancaire habituellement pratiquée ne permet pas de couvrir les frais liés à l'étude et à l'accompagnement de ces dossiers. Une fois encore l'argent de don est au cœur de la fraternité dans l'économie et, grâce à celui-ci, nous avons pu imaginer un soutien aux porteurs de projets dont les dossiers ne pourraient pas être étudiés par la Société financière dans des conditions normales.* » [15] C'est là une réponse

(14) Ce fonds de bonification s'est élevé de 2007 à 2012 à 410 000 euros. Il a bénéficié sur cette période à 188 prêts dont le taux d'intérêt a ainsi pu être diminué de 2 %.

(15) Serge Alquier, président de l'association La NEF, Rapport annuel 2005.

concrète au souci affiché par Philippe Leconte de ne pas faire de la Nef une banque comme les autres. Une réponse qui passe encore une fois par l'association dont la mission est de plus en plus axée sur le don.

Dans les années qui vont suivre, cette fonction de l'argent sera au cœur de son projet : « *Aujourd'hui, peut-on lire sur le site internet de La NEF, l'Association centre sa réflexion et son action sur le don auquel elle attribue une valeur essentielle dans une perspective de transformation sociale. Les dons reçus sont orientés vers des initiatives individuelles ou collectives qui ne pourraient exister sans ce geste qui les libère d'une exigence de rentabilité.* » Parmi ces initiatives l'association choisit de soutenir des projets phares tels que Terre de liens, une structure qui acquiert des fermes en France pour y installer des paysans, l'*Institute for Social Banking*, un organisme européen de formation sur la finance alternative éthique, ou le Miramap, le mouvement national des Amap (Associations pour le maintien d'une agriculture paysanne). Elle ne s'interdit pas de soutenir ponctuellement des initiatives plus modestes : ici un groupe d'éleveurs qui veut écrire un livre sur son expérience du soin homéopathique pour les animaux ou un viticulteur bio qui a besoin de consolider la trésorerie de son exploitation ; là, l'organisation d'un concert de soutien au bénéfice d'une école en Bolivie ou le démarrage d'une école maternelle à pédagogie Montessori en Savoie. [16] Elle porte toujours un œil bienveillant et attentif sur les initiatives qui, comme elle mais sous d'autres formes, cherchent à utiliser de manière différente l'outil monétaire. En 2012, elle fait plusieurs dons pour le lancement de monnaies locales complémentaires dans les régions du Havre (Le Grain) et Nantes (La Muse) ou dans le Vaucluse (La Roue). Elle soutiendra également une association étudiante qui met en place des « clubs de troc » dans des universités comme sensibilisation aux monnaies complémentaires. Elle aidera

(16) Comme la Société financière, l'association publie chaque année l'ensemble des dons qu'elle fait dans son rapport annuel, consultable sur son site : www.association-lanef.org

à la publication d'une thèse de doctorat sur la finance solidaire et à la traduction de travaux de recherche étrangers sur les même sujets.

C'est aussi l'époque où l'association a besoin de prendre le temps de réfléchir à ses fins, à son nouveau positionnement, à sa place par rapport à la Société financière et à l'ensemble des missions qu'elle s'est fixée depuis sa création trente ans plus tôt. Dans la continuité de leurs histoires respectives, La NEF et la Société financière de la Nef sont encore très liées. Les dirigeants de la seconde participent régulièrement aux conseils d'administration de la première (certains en sont même officiellement membres) ; les décisions pour l'attribution des dons sont la plupart du temps prises en commun ; les assemblées générales sont toujours couplées... L'interdépendance des deux structures est très forte. Tandis que, longtemps, la Société financière a dépendu de l'association, la situation s'est alors presque inversée. Les actions de l'association ont tendance à être tributaires des besoins de la Société qui l'utilise parfois comme un de ses outils. Vingt ans de complicité et de chemin commun, de paris gagnés ou d'épreuves à traverser, expliquent largement cette situation. Pourtant, aux yeux du commissaire aux comptes de l'association, elle ne peut raisonnablement pas durer. Il pointe les risques d'une telle proximité et alerte les administrateurs. Une Société financière dont certains sociétaires abandonnent leurs intérêts à une association qui en fera don à des initiatives par ailleurs bénéficiaires d'un emprunt auprès de la première... cela pourrait être assimilé à de la « concurrence déloyale » vis-à-vis des autres banques. Des dirigeants de fait si ce n'est de droit qui sont en partie les mêmes dans les deux structures... cela pourrait être assimilé à du conflit d'intérêt. Le regard extérieur de l'expert invite à clarifier tout cela au plus vite.

Les choses se feront par étape. Dans un premier temps, les doubles casquettes sont supprimées. Le conseil d'administration décide de demander aux dirigeants de la Société qui participaient régulièrement à ses réunions de ne plus y venir. Les assemblées générales seront dissociées et n'auront plus lieu le même jour au même endroit. Des conventions réglementaires sont signées entre les deux Nef afin de clarifier les mouvements d'argent qui existent entre elles (les abandons d'intérêt). Légalement, il n'y a plus rien à redire.

Cette clarification correspond également au besoin ressenti par l'association. Ses administrateurs estiment qu'en regagnant une pleine et entière autonomie, ils pourront mieux jouer leur rôle d'innovation, de recherche, d'exploration. Pour être créatif, il faut être libre et l'association ne l'était sans doute plus assez, encore trop liée au quotidien et aux soucis de la Société pour voguer de manière vraiment indépendante. Ce besoin est également renforcé par le fait que ses moyens financiers se sont accrus. Si en 2005, les intérêts abandonnés – ou plutôt *donnés*, corrigerait Jean-Pierre Bideau ! – représentaient déjà 100 000 euros dans son budget (environ 70 %), six ans plus tard, ils se montent à 240 000 euros (80 % du budget). Là où, en 2003, 700 sociétaires de la Nef laissaient tout ou partie de leurs intérêts, ils sont 4 800 en 2012 (267 000 euros, 79 % du budget) et 5 400 en 2014. Quant aux adhérents, ils sont toujours autour de 400 à 450 et couvrent, avec leur cotisation, la plus grosse part des frais de fonctionnement de l'association. Par ailleurs, par la multiplication des dons qu'elle fait, La NEF a élargi l'éventail de ses actions de solidarité et se trouve en lien avec d'autres acteurs sociaux, et pas seulement les emprunteurs de la Nef : « *Ce lien entre les différents acteurs du monde de l'économie solidaire (…) est en entière concordance avec les buts de notre association.* » se réjouissait déjà en 2005 Serge Alquier. L'ensemble de ces éléments conduisent de manière pressante l'association à répondre aux questions qui couvent en réalité depuis plusieurs années : quelles priorités ? Quelles spécificités ? Quel avenir ?

La meilleure façon d'avancer est parfois de s'arrêter. En 2010, la décision est prise de faire une pause. Il s'agit de prendre le temps d'un long recul et d'une réflexion approfondie sur le rôle qui doit être désormais celui de l'association. Il n'y a pas là une volonté de rupture ou de rejet. Tout au contraire ! Béatrice Barras qui, après sa présidence du comité d'éthique, a rejoint le conseil d'administration de La NEF, pousse pour effectuer un travail de mémoire et de retour sur le passé : « On ne peut pas penser l'avenir si on ne connaît pas précisément d'où l'on vient et ce qui a construit l'association ! » Comme le dit joliment Philippe Clairfayt : « *Prendre le temps de se ressaisir et de vérifier que depuis les racines jusqu'au faîte de l'arbre, la sève est toujours active.* » Avec l'aide de Jean-Pierre Caron, bien placé pour cela du fait de son ancienneté dans La NEF et de ses compétences professionnelles en accompagnement de groupes, un travail de remise à plat des trente ans de l'association est mené. « *Nous nous sommes particulièrement penchés sur les impulsions à l'origine de l'association* » explique Philippe Clairfayt qui a remplacé Serge Alquier en 2012 à la présidence – ce dernier prenant en charge le poste de trésorier. « *Nous avons déroulé avec méthode les différentes phases de sa biographie pour en repérer les motifs fondamentaux (...) Parallèlement, nous nous sommes posés la question de la perception des besoins émergents. Comment pouvons-nous nous exercer à devenir plus réceptifs à ce que l'avenir nous demande de mettre en place pour créer les conditions d'une économie plus humaine.* » [17]

L'association, tout en continuant à gérer les dossiers qu'elle reçoit, se met un peu en veilleuse sur le terrain de l'action, pour reprendre des forces, renouer avec ses inspirations de fond, mieux comprendre et analyser sa place et son rôle. Lors d'un séminaire de plusieurs jours, elle réfléchit aux liens qu'elle a entretenus, via ses deux fondateurs, avec l'anthroposophie et la coopération. Béatrice Barras va longuement interviewer Jean-Pierre Bideau, retiré de l'association et de la Société financière depuis plusieurs années, pour recueillir son témoignage et mieux comprendre ce qui a nourri le projet initial. Jean-Pierre Caron propose, après un travail collectif du conseil d'administration, de dresser les grandes étapes de la biographie de La NEF, mettant en évidence ses phases d'effervescence créative et ses phases de doute.

---

(17) Philippe Clairfayt, Rapport annuel 2012.

L'association est sans doute encore en recherche mais l'étant, elle témoigne qu'elle est en marche, qu'elle avance, qu'elle regarde vers demain. Elle redevient une association spécifique et autonome vis-à-vis d'une Société financière dont elle a pu par moments se sentir le supplétif. En remontant aux sources de son histoire elle trouve les ressources de sa renaissance sans en rien gommer, mais en prenant à son compte les apports successifs qui l'ont enrichie tout au long des années. À l'inspiration anthroposophique des débuts, elle ajoute la tradition coopérative, la dimension de l'économie sociale et solidaire, sans parler de l'expertise acquise en matière bancaire, financière et économique. Le bagage est loin d'être superficiel et unilatéral !

L'association en tire toutes les conséquences juridiques en modifiant une nouvelle fois ses statuts. En 2012, elle réécrit son objet en enlevant la référence à la Société financière dont elle s'était fixée, en 2000, d'accompagner les initiatives. Bien plus général, il devient : *« Apporter son appui à des initiatives économiques, sociales ou culturelles ; mettre en œuvre toute forme d'entraide économique et financière ; prendre toute initiative contribuant à cet objet. »* L'histoire des cinq statuts successifs de La NEF (1979, 1982, 1983, 2000 et 2012) ressemble à un entonnoir inversé où, partant des seules initiatives anthroposophiques, l'objet de l'association va continûment s'élargir jusqu'à cette dernière définition, volontairement ample et étendue.

Répondre aux besoins de demain

Après une première phase où elle fut seule à porter l'ensemble du projet, l'association La NEF a donc vu naître, s'épanouir puis s'émanciper la Société financière, aujourd'hui banque, sans compter ses surgeons (Nef investissement créée en 2007 qui gère des fonds d'investissement en capital et Nef gestion créée en 2010 spécialisée dans la collecte de l'épargne solidaire et les circuits-courts de financement). À chaque fois, au centre de tout ce qui est né depuis 1978, l'association La NEF était présente. Inspiratrice. Initiatrice. Accompagnatrice. Elle joue la sage-femme, l'éducatrice ou l'aubergiste.

Certains ont mis d'autres mots, d'autres images : chambre haute, lieu de gestation, laboratoire d'idées, creuset, couveuse... Elle a lancé des pistes, suivi des intuitions ou des sollicitations. Elle a aidé, par le don, à ce que d'autres puissent se mettre en mouvement ou mieux avancer dans leurs propres histoires. Avec un tel actif, pourquoi ne pourrait-elle pas jouer encore un rôle ? Pourquoi ne serait-elle pas capable d'autres inventions, d'autres inspirations ?

L'enjeu pour les membres de l'association, est de maintenir la cohérence de cet ensemble qui a longtemps été vécu comme une évidence tant que les histoires des structures étaient quasi communes, tant que les personnes qui les faisaient vivre étaient peu ou prou les mêmes. Par un socle culturel commun, par des amitiés intellectuelles, par les relations entre les individus, d'une certaine manière parce que ceux-ci n'étaient pas des spécialistes de la finance, parce que c'est le projet plus que l'outil qui les intéressait, cette cohérence vécue n'avait guère besoin d'explicitation ou de structuration. Presque quarante ans après les débuts de l'aventure, comment faire pour que demain, dans cinq ans, dans dix ans, dans vingt ans, les responsables de la Banque Nef ne se demandent pas un jour : « Mais pourquoi cette association porte-t-elle le même nom que nous ? » ... ou inversement. L'enjeu n'est pas anodin car il vise rien de moins que l'identité même d'un projet global qui, s'il n'était porté que par la seule Société financière ou par la seule association, ne serait plus vraiment le projet de la « Nouvelle économie fraternelle ». Lors de l'assemblée générale de la Société financière de 2014, Jean-Pierre Bideau, absent, avait envoyé un petit mot. Il y faisait référence au philosophe Michel Puech qui écrivait quelques jours plus tôt dans *Le Monde* que l'excellence d'un groupe repose sur sa capacité *« à inventer un produit aux racines culturelles profondes »*. Et Jean-Pierre Bideau avait commenté : *« C'est cela même que notre entreprise doit continuer à faire, grâce au travail de réflexion et à la compétence des sociétaires, des emprunteurs, des épargnants, des bénévoles et des salariés, chacun veillant à remplir son rôle. »* Mission donnée ce jour-là à la Société financière, mission qui, tout autant et peut-être plus encore, est celle de l'association La NEF. Pour aujourd'hui. Et pour demain.

Chapitre 7

Demain

« La peur, face à un avenir que nous craignons, nous ne pouvons la surmonter véritablement, que par l'image d'un avenir que nous voulons »

Wilhelm-Ernst Barkhoff

« Le repos serait une sorte de lâcheté eu égard aux menaces qui pèsent sur notre civilisation. »

Henri Nouyrit [1]

Jean-Pierre Bideau se souvient : « Lorsque nous avons créé La NEF, nous nous sommes dits que les gens voulaient savoir où allait leur argent, à quoi il servirait. À l'époque, ce n'était pas un besoin qui était exprimé mais, néanmoins, c'était un besoin qui existait. Plus tard, lorsque nous avons mis en place l'abandon des intérêts, la Banque de France nous a dit : "Des gens qui renonceraient à leurs intérêts parce qu'ils sauraient où va leur argent ? Mais ça n'existe pas !" Et pourtant c'est ce que nous avons fait. Là aussi ce n'était pas un besoin qui était exprimé, mais il existait. » Jean-Pierre Bideau

(1) Lettre du 17 avril 2001 à Robert Sarrazac.

rapporte également une des dernières conversations qu'il a eue avec Henri Nouyrit. Peu de temps avant son décès, celui-ci lui avait dit : « Les responsables de la Nef ont des initiatives à prendre, même si les besoins n'en sont pas formulés. »

Alors ? Quels sont aujourd'hui les besoins, pas forcément formulés, que La NEF pressent et repère ? « C'est cette question que nous devons nous poser » insiste Jean-Pierre Bideau : « Quels sont les besoins d'aujourd'hui et quels sont les besoins de demain ? »

L'Université citoyenne d'économie fraternelle

En 2008, un film d'animation d'un réalisateur canadien, Paul Grignon, fait le buzz sur internet et dans les milieux alter-mondialistes. Un an plus tard, il aurait été vu par plus de deux millions de spectateurs et traduit en 14 langues. Son titre : *L'Argent dette*. Son auteur y explique comment, selon lui, se crée et fonctionne la monnaie et comment elle représente aux mains de quelques-uns un pouvoir considérable. Comme d'autres économistes, Philippe Leconte, alors président du conseil de surveillance de la Société financière, est abasourdi par les explications fournies par le documentaire auquel est reproché, par ailleurs, une vision complotiste de la finance. Avec quelques autres personnes de la Nef, il estime qu'il est important de répondre à ce genre de simplification et d'entreprendre pour cela une véritable réflexion de fond sur : la monnaie qu'est-ce que c'est ? Comment se crée-t-elle ? Etc. C'est ainsi qu'un « groupe monnaie » se constitue de manière informelle au sein de la Société financière de la Nef en 2009. Comme l'expliquera Philippe Leconte dans une de ses conférences (à Auray le 13 mars 2015) : « *Nous [vivons] avec l'argent depuis la première fois qu'on nous a donné une pièce pour aller acheter un chewing-gum... ou autre chose ! Nous connaissons l'argent par cœur... et nous ne connaissons rien ! Et du fait que nous ne connaissons rien, on peut nous raconter n'importe quoi et nous promener là où on ne veut pas aller !* » C'est donc en réaction contre tout ce qui peut se dire à tort ou à travers sur l'argent et la monnaie que le groupe mène un travail de recherche appuyé à la fois sur une investigation intellectuelle exigeante et sur une pratique bancaire éprouvée. Lorsqu'il quitte en 2012 la présidence de la Nef, Philippe Leconte décide de continuer à animer ce cercle qui entre temps s'est étoffé, consolidé et transformé. Le « groupe monnaie » est sollicité pour présenter ses travaux et se met à organiser des formations en s'appuyant sur une démarche participative où l'expérience personnelle de chacun est sollicitée. C'est ainsi que ce groupe décide en 2012 de devenir l'Université citoyenne d'économie fraternelle (UCEF), « un titre qui peut paraître un peu ronflant, avoue Philippe Leconte, mais qui est pourtant la réalité ». *Université* car s'y côtoient recherche et transmission. *Citoyenne* par sa démarche volontiers horizontale et participative. *D'économie fraternelle* : est-il vraiment besoin d'expliquer pourquoi ?

L'informel dure un temps mais le projet s'inscrivant dans la durée, il a besoin d'un toit pour l'héberger. Tout naturellement, c'est l'association qui jouera ce rôle. Dans son histoire, la réflexion, la formation et l'étude ont toujours accompagné l'action. La théorie n'est pas un domaine séparé de la pratique. Penser et agir sont les deux faces de la même pièce. L'action de l'UCEF est en totale cohérence avec le projet de La NEF. Des modules de formation expérimentaux sont testés auprès de sociétaires actifs de la Nef avant de s'ouvrir à un public plus large. En 2013, l'association rend compte à ses adhérents : *« La NEF a décidé de porter ce projet dans sa phase d'incubation, afin de lui permettre de grandir dans les meilleures conditions possibles et dans le respect du processus de création qui nécessite de l'attention et du temps pour expérimenter et ajuster. »* Un soutien qui sera continué dans les années suivantes tant *« cette initiative (...) est, à nos yeux, de la plus grande importance pour le projet NEF, dans toutes ses composantes. Il est la source d'une intense réflexion qui engage, au-delà du groupe qui le porte, toutes les personnes qui sont menées à participer à ses stages. »* Par là, l'association nourrit l'espoir d'une appropriation par tous des processus économiques et financiers.

« Germes d'économie fraternelle »

Lorsqu'en 2008 une loi crée les fonds de dotation, une sorte de fondation facile à créer et proche, dans son fonctionnement, de ce que peut être une association loi 1901, les administrateurs de La NEF regardent avec beaucoup d'intérêt ce nouveau dispositif. Il pourrait, à leurs yeux, répondre mieux que leur association à cette fonction de récolte et de diffusion de l'argent de don. Après avoir créé une société financière, outil dédié à l'argent de prêt, l'association ne devait-elle pas se doter d'un outil dédié à l'argent de don ?

Imaginé un temps comme pouvant être créé de manière conjointe avec la Société financière, la clarté juridique comme le processus d'autonomisation de l'association conduisent finalement à ce que ce fonds de dotation soit porté sur les fonts baptismaux par la seule association la NEF. L'outil, juridiquement indépendant, est officiellement créé le 5 novembre 2013. C'est pour l'association le moyen de réaffirmer que « *l'activité économique doit se préoccuper de générer des dons afin de soutenir des forces de renouveau résolument tournées vers l'avenir.* » L'argent de don est ainsi remis au cœur de l'économie, non comme un remède vaguement réparateur, mais comme une indispensable contribution au bon fonctionnement de la société. En consacrant son séminaire de 2014 au don, l'association est consciente qu'il y a là un combat à mener, une parole à porter. En permettant à une personne ou à un groupe de déployer leurs propres dons (talents), à une impulsion de se réaliser, de franchir une étape, de passer un moment charnière, d'aller plus loin, en permettant à ceux qui le reçoivent de bâtir quelque chose, de démarrer un projet, d'asseoir une construction, le don, qu'il soit « impôt volontaire », « capital » ou « fondations », est absolument nécessaire à une vie économique saine. Il signale également que l'égoïsme n'est pas le moteur de l'économie et que c'est bien là le drame et la pauvreté de la vision dominante de l'économie. Sans don, pas de naissance, pas de premiers pas, pas de vie ! Ce n'est évidemment pas un hasard ou pour la seule poésie du nom que La NEF a appelé son fonds de dotation « Germes d'économie fraternelle ». Son président, Erick Chauveau, enfonce le clou : *« Seul un don libre et désintéressé peut assainir une économie sclérosée, individualiste et partisane. Le don doit retrouver toute sa place de moteur d'initiatives dans un esprit de fraternité objective. »*

La création du fonds de dotation est l'occasion de prioriser les directions vers lesquelles l'association souhaite orienter l'argent de don. Au fur et à mesure des dossiers qui lui étaient soumis, elle avait eu le sentiment de s'éparpiller dans les financements qu'elle accordait et de répondre au coup par coup à des sollicitations de plus en plus diverses plutôt que d'affermir, à travers son geste, la vision de l'homme et du monde à laquelle elle aspire. C'est pourquoi elle a décidé, dans un premier temps du moins, que le fonds se concentrerait sur l'expérimentation de nouveaux fonctionnements économiques dans deux secteurs éminemment stratégiques à ses yeux : l'agriculture et l'éducation. On pourrait résumer : nourrir les hommes et les faire grandir. Le fonds spécifie : *« Une agriculture vivante, créatrice de lien social et une éducation qui favorise l'épanouissement de la diversité des talents individuels, dans un esprit d'entraide et de coopération. »*

Les premières initiatives soutenues témoignent bien de cette volonté. Côté agricole, l'appui à Terres de liens est maintenu. Des fermes portées par des collectifs pluri-actifs (Batotopie sur la ferme des Roussets dans la Drôme et l'association Myriades sur la ferme de Cussac dans l'Aveyron), le réseau national des alternatives forestières ou une Amap bois de chauffage ont reçu des dons. Côté éducation, on trouve plusieurs écoles à pédagogie alternative, la fédération des associations pour le développement de l'emploi agricole et rural pour son projet « l'agriculture paysanne, ça commence à l'école » ou une association organisatrice de chantiers de jeunes. Dans le même champ, le fonds a soutenu le Printemps de l'éducation, un mouvement citoyen qui fédère les acteurs du renouveau éducatif, et Public Montessori, une association qui aide les enseignants de l'école publique à mettre en place dans leurs classes la pédagogie Montessori.

Le fonds de dotation est, pour ses premiers pas, soutenu par l'association. Son conseil est composé de trois membres qui sont aussi au conseil d'administration de La NEF : « *Bien que le CA du fonds de dotation soit souverain dans ses décisions, les autres membres du CA de l'association participent aux séances d'attribution des soutiens* » explique Philippe Clairfayt. « *Ils ne sont pas décisionnaires sur les sujets qui touchent au fonds mais ils contribuent, grâce à leur expérience, à apporter un éclairage au CA du fonds. Cette situation imbriquée est volontaire et permet de faire passer petit à petit l'activité portée depuis de nombreuses années par l'Association au fonds de dotation.* » [2]

Pour ses premières années, c'est encore l'association qui dote chaque année le fonds avec les dons qu'elle reçoit. Au bout de trois ans d'existence, ce lien fort entre les deux structures apparaît toujours nécessaire. Vécue comme une phase expérimentale, cette période a également permis de réorienter l'action de ce nouvel outil de don en direction de deux secteurs d'intervention. Erick Chauveau, le président du fonds, explique : « D'un côté, nous voulons renforcer notre soutien à l'agriculture biologique et biodynamique par des projets innovants et générant de nouvelles façons de penser l'économie. De l'autre, nous voulons contribuer, par l'attribution de dons et de prêts d'honneur, à faire émerger de nouveaux fonctionnements économiques en lien avec l'économie fraternelle et en germe dans l'économie réelle. » C'est ainsi qu'ont été récemment aidés l'Accorderie du Diois, l'association Tera, un projet expérimental qui vise à construire un éco-village dans le Lot-et-Garonne pour relocaliser à 85 % la production vitale à ses habitants, ou le Mouvement rural de la jeunesse chrétienne (MRJC) pour la réalisation d'un support pédagogique sur la monnaie. « Pour nous, résume Erick Chauveau, la vie économique n'est porteuse de sens qu'en lien avec la fraternité. »

---

(2) Philippe Clairfayt, Rapport annuel de l'association 2014.

Une banque de plein exercice

Nantes, le 24 mai 2014. La Société financière de la Nef tient cet après-midi-là son assemblée générale extraordinaire. Voilà une petite trentaine d'années qu'elle joue peu ou prou le rôle d'une banque, sans en avoir ni le titre ni les prérogatives réelles. Néanmoins, soutenue et encadrée par le Crédit Coopératif – une « vraie » banque celle-ci – elle collecte de l'épargne, elle prête de l'argent à de nombreux porteurs de projets, elle propose des comptes-courants à ses sociétaires et ceux-ci peuvent même faire des chèques avec un chéquier Nef. Dans le rapport d'activités 2013 qui a été présenté le matin même, pendant l'assemblée générale ordinaire, quelques chiffres le résument bien. Au 31 décembre 2013, la Société financière comptait 33 466 sociétaires (+ 1 268 en un an), disposait d'un capital de 31,8 millions d'euros (+ 11 %) et de ressources disponibles d'un montant de 396 millions d'euros (+ 7,6 %). Elle avait débloqué au cours de l'année 23,5 millions d'euros de crédits (+ 8 %) pour soutenir 222 projets et avait développé les prêts aux particuliers – une nouveauté pour l'établissement – à hauteur de 1,3 million d'euros (32 prêts). Tous confondus, ce sont 1 350 prêts qui couraient en 2013, représentant un encours global d'un peu plus de 100 millions d'euros.

Depuis longtemps déjà, la petite Société financière veut apporter tous les services d'une banque. Pas par principe et orgueil démesuré mais, tout simplement, pour mieux répondre à ses objectifs et ses ambitions : devenir un outil indépendant et efficient afin que, comme dit son slogan, l'argent puisse relier les hommes. Presque depuis le début de son histoire, la perspective de devenir une « vraie » banque était inscrite dans le projet. Au cours des années passées, des alliances avec une banque éthique en Italie, et des contacts avec d'autres établissements européens de finance solidaire, en Espagne et en Belgique, avaient été engagés dans la perspective d'unir des forces pour réaliser ce vieux rêve, mais rien n'avait abouti. Enfin, en 2013, les choses avaient bougé. C'est de l'Union européenne que venait le changement. En effet, l'harmonisation européenne de la classification des établissements financiers permettait soudainement à la Nef, si elle le souhaitait, de devenir une « banque » dès le premier janvier 2014. Ce que la législation française rendait impossible quelques mois plus tôt, l'Europe en ouvrait brusquement l'opportunité. Le passage du statut de société financière (dont les activités sont plus limitées et contraintes que celles d'une banque de plein exercice) à celui d'établissement bancaire était juridiquement possible.

L'assemblée générale extraordinaire qui s'ouvre ce 24 mai après-midi à Nantes a été convoquée exprès pour cela. Il s'agit de modifier l'article 2 des statuts de la Nef, celui qui définit son objet, afin de le mettre en conformité avec la législation européenne en y intégrant des missions jusqu'alors interdites à la Société financière : la gestion de dépôts et d'épargne – sans limite de durée minimum – et l'offre de moyens de paiement – chèques, cartes bancaires, etc. Si la lecture de l'article peut sembler parfois un peu absconse au néophyte (*« La société peut aussi effectuer toutes opérations connexes visées à l'article L. 311-2 du Code monétaire et financier... »* etc.), son sens général est clair : la Nef peut remplir désormais toutes les missions d'une banque et, à terme, faire toute seule ce qu'elle ne pouvait jusqu'alors faire que sous la tutelle du Crédit coopératif. Bref, devenir une « vraie banque ». Les quelques 300 sociétaires qui sont présents ce jour-là connaissent tous l'enjeu de ce vote, d'autant que la veille, 23 mai, réunis en Congrès (une rencontre qui n'est organisée que pour de grandes occasions), ils ont planché durant toute la journée pour « dessiner leur banque ». Un public bigarré où se côtoient jeunes et vieux, femmes et hommes, militants associatifs, agriculteurs bio, cadres actifs, retraités... Si l'habit ne fait pas le moine, c'est bien le cas ici : pas de cravates pour ces futurs banquiers – le seul à en exhiber une est... le clown animateur ! D'aucuns ont manifestement une très bonne connaissance des logiques économiques et du monde de l'entreprise, d'autres sont beaucoup moins compétents et abordent parfois avec une certaine candeur des sujets très techniques. Certains se connaissent, se reconnaissent, tandis que d'autres font seulement connaissance avec des sociétaires qui, comme eux, se sont déplacés pour l'occasion. Aux murs, on peut lire des affichettes pour un covoiturage ou les résumés des petits groupes de travail de la veille et une question – celle qui a été traitée en long, en large et en travers au cours du Congrès : « Comment être une banque qui répond aux besoins de citoyens responsables et aux enjeux de la société ? » Car bien évidemment, comme le rappelle le président du directoire, Jean-Marc de Boni, en soumettant la résolution 2 au vote (la fameuse résolution qui transformera la Nef en banque), il ne s'agit pas de devenir n'importe quelle banque, mais bien « la toute première banque éthique française ».

Il est 15h et la résolution est mise au vote. Les bras se lèvent, les assesseurs mandatés comptent les voix le long des travées tandis qu'un opérateur ajoute ces votes ultimes à ceux qui ont été enregistrés par Internet dans les semaines précédentes. Sans surprise elle est adoptée à 97,7% par 11 146 voix (c'est à dire par autant de sociétaires, puisque la Nef est une société coopérative où chacun dispose d'une voix quel que soit son nombre de parts). Il est 15h05. Jean-Marc de Boni s'adresse à l'assistance : « Vous venez de faire de la Société financière de la Nef un établissement bancaire. »

Les processus plutôt que les procédures

On ne devient cependant pas une « vraie » banque par un simple vote. Celui-ci ouvre un chantier qui va occuper la Nef pendant plusieurs années afin de devenir une banque de plein exercice aux marges de manœuvre élargies. Elle doit mettre en place des produits nouveaux : un livret et un compte-courant pour les personnes morales et un livret pour les particuliers. C'est le premier étage de la fusée destiné à compléter son offre antérieure et à la rapprocher dans les faits de ses nouvelles prérogatives. Le second étage, c'est ce que dans le jargon du métier on appelle les « extensions » : le compte-courant pour le particulier et les moyens monétaires qui vont avec, essentiellement les cartes bancaires : outils d'une très grande complexité qui nécessitent un arsenal informatique considérable et coûteux qui ne peut se mettre en place du jour au lendemain. La Nef s'engage dans ce développement avec volontarisme, assumant dans ses comptes des pertes liées à cette phase d'investissement qui est pour elle un passage obligé.

Elle mène ce travail périlleux dans un environnement réglementaire extrêmement contraint et sous l'oeil de partenaires ou d'interlocuteurs qui ne sont pas toujours bienveillants. En effet, les autorités monétaires françaises n'aiment guère les petites initiatives, a fortiori décalées et alternatives, dans un paysage bancaire qui privilégie au contraire la concentration et la normalisation. Les regroupements bancaires sont devenus la règle, comme celui qui a réuni en 2002 le Crédit coopératif aux Banques populaires, puis cet ensemble aux Caisses d'épargne pour former en 2009 le groupe BPCE, un des quatre mastodontes bancaires français avec la Société générale, le Crédit mutuel et la BNP. La Nef, trop petite pour jouer sa partition en solo, adossée depuis les années 1980 au Crédit coopératif, se trouve donc entraînée et enchaînée dans un maillage juridique et commercial qui la dépasse. Elle a parfois l'impression d'être un tout petit caillou dans cette énorme chaussure. L'enjeu est de maintenir le cap de son objectif : demeurer une banque éthique, dans un monde où le mot est galvaudé et dans un environnement bancaire où il est approprié un peu à tort et à travers. Même avec le partenaire qu'est le Crédit coopératif, la Nef doit affronter ces difficultés. Il est vrai qu'en vingt ans, le message original de la Nef a séduit sa banque marraine qui, d'une certaine manière, en a profité et a su en faire usage, y compris en développant une clientèle particulière qui n'était pas la sienne à l'origine. Par ailleurs, les équipes ont changé et la génération de ceux qui ont construit et fondé la relation privilégiée entre le Crédit coopératif et la Nef ne sont plus là. Les rapports se sont donc refroidis et sont moins fluides, la confiance est moins forte et l'indispensable banque d'adossement sans laquelle la Nef ne pourra pas progresser dans son projet n'est peut-être plus aujourd'hui celle qui lui a permis de faire ses premiers pas. Conscientes de cette situation, les deux institutions travaillent aujourd'hui à refonder une relation adaptée aux besoins et aux possibilités de chacune d'entre-elles.

Faire une banque de plein exercice, c'est bien, mais si c'est pour faire comme les autres banques, cela n'a aucun intérêt. La volonté des dirigeants de la Nef est toujours d'inventer des outils qui répondent à son objectif de construire une économie différente. Pour cela elle est vigilante à ne pas oublier les processus positifs que sont les manières de rencontrer clients, emprunteurs, partenaires et sociétaires, les façons d'entretenir le contact et la relation avec eux sans se perdre dans les seules procédures, lacis serré de contraintes réglementaires auquel elle est soumise comme toutes les autres banques, mais qui peuvent facilement l'entraîner sur une pente administrative où les raisons de faire sont peu à peu suppléées par les façons de faire. Le risque existe et exige une attention particulière : la banalisation procède le plus souvent d'une non-volonté. On ne s'interroge plus, on ne se remet plus en cause, on ne se pose plus de questions, le ronron quotidien ou les urgences techniques gomment les motivations de fond qu'on croit toujours poursuivre en s'échinant en réalité sur des questions d'intendance... La machine commande. En 2016, le conseil de surveillance juge nécessaire de ne pas oublier ses impulsions fondatrices et décide de réaffirmer ses lignes directrices dans un document intitulé « Image pilote ». Un petit groupe de huit personnes composé de responsables actuels de la Nef auxquels s'était joint Jean-Pierre Bideau, se réunit plusieurs fois : « *L'image pilote fonctionne comme notre étoile polaire. Elle est à la fois une référence directionnelle dans notre fonctionnement professionnel et une ancre qui assure la cohérence de notre organisation pour la décade à venir.* » Un texte court, simple, parlant, explicite. Tout ce qui caractérise la Nef y est :

« Image de l'homme.

La nature humaine est à la fois spirituelle et matérielle. Chaque être humain est unique, porteur d'amour, capable de liberté et de fraternité. Il réfléchit à ses actes et, par eux, façonne le destin commun en personne responsable. L'être humain veut d'une part se réaliser et d'autre part aider au-

tour de lui, car en aidant, il se trouve aussi lui-même. Le rôle de notre banque est de faciliter ces aspirations. Nous voulons une banque où l'égard pour la personne et ses aspirations crée la relation de confiance et permet à chacun de s'engager.

Vision de la société : place de l'économie dans la société.

Nous voulons prendre en compte les différentes sphères de la société dans laquelle nous voulons interagir en tant qu'acteur financier : culturelle, juridique / sociale, économique et environnementale. La vie culturelle et spirituelle ne peut être féconde que dans la liberté. La vie juridique ne peut-être saine que dans l'égalité entre les humains. La vie économique ne peut être fructueuse pour tous que dans la fraternité, chacun travaillant pour satisfaire les besoins des autres. C'est pour permettre l'essor de ces valeurs que la banque Nef utilise les fonds qui lui sont confiés.

L'argent.

L'argent n'a pas de valeur en soi ; ce n'est pas une marchandise. Chacun lui confère des qualités particulières selon l'usage qu'il en fait (achat, épargne, prêt), investissement, don) et il en découle pour tous des conséquences spécifiques. Les relations sociales et les liens de réciprocité entre les personnes mettent en lumière le pouvoir constructeur ou destructeur de l'argent. Nous voulons permettre à chacun d'exercer consciemment sa responsabilité dans l'usage de l'argent et ainsi tendre à en domestiquer le pouvoir. C'est pourquoi nous tenons absolument à offrir sécurité et transparence dans toutes les circulations de l'argent à l'intérieur de la banque. Nous voulons soutenir l'économie réelle et durable. Notre vision de l'Homme et de la société nous conduit à financer des projets entrepreneuriaux ou personnels, porteurs* *de valeur ajoutée économique, environnementale, sociale, culturelle et territoriale, avec une répartition équilibrée de la valeur ajoutée pour toutes les parties prenantes.*

** économie réelle marchande et non marchande.*

La Gouvernance.

*Nous voulons pratiquer un partage des pouvoirs et des responsabilités adapté aux rôles des différentes parties prenantes** dans une démarche d'attention à la Personne et de respect mutuel. Chaque partie prenante rend compte aux autres. Cet exercice nécessite éducation, information et dialogue. Ainsi, notre politique sociale se fonde sur les principes de respect, d'équité et de solidarité.*

*** sociétaires, épargnants, emprunteurs, salariés, fournisseurs, partenaires, prestataires.*

La démarche Nef.

Nos pratiques financières sont non spéculatives ; elles visent une « lucrativité » limitée en s'inscrivant dans des circuits simples et transparents. Nous voulons que notre démarche d'innovation se fonde sur la compréhension des besoins humains et le respect de notre environnement. Nous voulons rendre nos offres de produits, et de services qui en découlent, accessibles au plus grand nombre dans un esprit d'utilisation responsable. Grâce à la rencontre personnalisée de nos emprunteurs et à l'écoute de leurs besoins, nous voulons contribuer le mieux possible à la maturation de leurs projets en leur accordant le temps nécessaire. Nous sommes attentifs à l'impact de nos outils techniques sur la qualité des relations humaines. »

Une dynamique citoyenne

Les sociétaires suivent. En l'espace de moins d'un an, le nombre d'ouverture de livrets s'est traduit par près de 60 millions d'euros déposés à la Nef, les souscriptions en parts de capital ont été de plus de 2 millions. Le passage vers la « vraie » banque répond aux aspirations d'un grand nombre qui voit dans cette transformation juridique un pas en avant vers la construction d'une autre économie. Le nombre de sociétaires approche les 40 000. Les 90 salariés de la Nef ont de quoi s'occuper ! Pour tisser et instituer entre salariés et sociétaires un lien fort et continu, la Nef développe des échelons très locaux qui donnent aux sociétaires davantage de possibilités pour agir au sein de la banque. Il existe ainsi une trentaine de groupes locaux animés par des sociétaires actifs qui viennent en appui aux actions de la coopérative ou qui font remonter des suggestions et des propositions, voire des revendications, auprès du Conseil de Surveillance. La Nef est souvent titillée par ces sociétaires actifs qui sont des gens très militants et très engagés.

L'assemblée générale annuelle pourrait être un moment de pur formalisme. En mettant en place un processus de préparation de l'AG qui s'étale sur environ deux mois avant sa tenue (dans un lieu qui change chaque année pour essayer de toucher des gens différents à chaque fois), la Nef vise à associer le maximum de sociétaires aux débats et aux décisions. En mars et avril se tiennent ainsi des assemblées régionales (il y en a eu quatre en 2015 qui ont réuni 300 personnes), de même que des assemblées locales organisées par des sociétaires actifs qui sont également ouvertes aux non-sociétaires qui voudraient mieux connaître la Nef ainsi qu'à ses partenaires locaux. En 2015, il y en a eu 47 qui ont rassemblé plus de 700 personnes. Au total plus de 1000 personnes ont ainsi participé d'une manière active au processus de préparation de l'AG.

Pour Jean-Luc Seignez, président du Conseil de Surveillance (et paysan en biodynamie sur le plateau de Millevaches dans le quotidien), ces outils participatifs contribuent à fonder la légitimité des décisions de la banque : « *Groupes locaux, assemblées de coordinateurs locaux, confluents, commissions et groupes de travail incluant des sociétaires sont de nature participative. Par une implication plus large, par l'appropriation des questions que cela permet, par la diversité et la richesse des expériences qui se côtoient, ils permettent d'assouplir, d'élargir et d'enrichir le fonctionnement démocratique (...) Pour bien percevoir cela, il faut comprendre que la démocratie «instituée», c'est-à-dire celle décrite par les statuts avec ses différents organes (AG, Conseil de Surveillance, Directoire) et ses processus précis (information, convocation, vote), permet de fonder la* légalité *de la décision. En intervenant en amont, dans la phase d'élaboration, la participation permet de renforcer la* légitimité *de la décision.* »

Et Jean-Luc Seignez de conclure : « *Loin de s'opposer, participation et représentation se complètent l'une l'autre, la première étant au service de la seconde. De ce fait, les dispositions participatives ne peuvent être conçues et utilisées que pour renforcer la démocratie que j'ai qualifiée d' "instituée". Sauf à en démontrer les lacunes ou les insuffisances auquel cas la démocratie participative peut devenir "instituante".* » Un retour au coopérateur sociétaire sur lequel, au final, se fonde toute la légitimité du projet.

Un tel processus passe évidemment par la plus grande transparence. Comme depuis l'origine, la Nef continue, dans un document chaque année plus épais, de publier la liste complète des projets qu'elle a financés au cours de l'année écoulée, et les investissements qu'elle a réalisés. Du plus gros au plus petit. Ainsi, en 2015, elle a accordé un prêt de 812 000 euros pour la création d'une activité de production d'énergies renouvelables et 5 000 euros à un paysan boulanger, 500 000 euros à une association d'action sociale et médico-sociale et 20 000 euros pour la création d'une coopérative de menuiserie. Feuilleter ce catalogue où sont présentés les 358 prêts accordés au cours de cette année, c'est survoler un champ d'initiatives innovantes qui dessinnent un monde plus fraternel à forte coloration écologique (68 % des projets), une société inventive où se côtoient projets sociaux (27 %) et culturels (4 %), où s'affirment des alternatives crédibles, des « pratiques utopiques ». Feuilleter ce catalogue, c'est faire un voyage au sein d'une économie sociale et solidaire où les mots « coopératif », « insertion », « artisanal », « bio », « vocation sociale » sont omniprésents et qui sont comme la promesse d'un monde meilleur. On est là, au ras du terrain, dans l'action et le faire, avec une multitude d'acteurs qui ont choisi la Nef pas seulement pour débloquer un prêt mais par reconnaissance mutuelle d'un même projet de société. Là est la force de la banque.

Avec la création en juin 2015 de « Zeste », sa plateforme de financement participatif, la Nef s'est donné un outil supplémentaire. La première campagne a permis de réunir plus de 180 000 euros auprès de 2 149 contributeurs pour financer le film de Béatrice et Jean-Paul Jaud : *Libres !* Depuis, des projets plus modestes ont été financés par ce biais : *« Il s'agit, pour la Nef, d'offrir aux artisans d'une société meilleure, les outils pour donner vie à leurs projets. À ce titre, la finance participative a de formidables atouts puisqu'elle renforce les réseaux constitués autour du porteur de projet. »* Toujours cette obsession : que l'argent relie les hommes.

Au-delà des frontières

En dehors de la France, la Nef est en lien avec d'autres institutions qui, comme elle et parfois avant elle, telle la GLS allemande (*Gemeinschaftsbank für Leihen und Schenken* [3]) dont elle s'inspira largement à ses débuts, contribuent à une autre approche de la finance. La GLS, la plus ancienne, a absorbé en 2006 la banque alternative Ökobank et s'est affirmée comme banque écologique. Depuis les Pays-Bas, Triodos, créée en 1980, s'est développée et a créé des filiales dans plusieurs pays (Belgique, Grande-Bretagne, Allemagne, Espagne et plus récemment France). D'autres initiatives

(3) Banque communautaire pour le prêt et le don.

ont suivi, au Danemark avec Merkur Coopérative Bank en 1982 ; en Suisse avec la Banque communautaire libre (BCL) en 1984 puis la Banque alternative suisse (BAS) six ans plus tard ; en Norvège avec Cultura Sparebank en 1997, suivie par Ekobanken en Suède l'année suivante. En Italie, Banca popolare Etica, née en 1999 des coopératives MAG ou mutuelles d'autogestion (et avec laquelle un projet de fusion qui n'a pas abouti avait été envisagé avec la Nef vers 2005), poursuit sa croissance. En Grande-Bretagne, Charity Bank, qui a vu le jour en 2002, est la seule banque à avoir obtenu un agrément pour ne prêter qu'à des ONG ou des associations.

Ces créations d'institutions financières, souvent issues de milieux non bancaires, traduit l'aspiration d'une partie de plus en plus importante des sociétés civiles européennes à instituer un autre rapport à l'argent. Ces banques éthiques ont chacune une histoire, peuvent avoir des origines intellectuelles différentes, ont des traductions institutionnelles variées, mais les valeurs qu'elles défendent et leurs préoccupations sont bien les mêmes. Jean-Pierre Caron [4] s'est amusé à rassembler les devises de quelques-unes d'entre elles qui montrent bien qu'elles ne déparent guère à côté du « Pour que l'argent relie les hommes » de la Nef. La BAS, en Suisse, s'affiche comme « La banque d'aujourd'hui pour des lendemains meilleurs ». En Grande-Bretagne, Charity Bank se définit comme « Une banque différente pour ceux qui veulent un monde différent ». Jouant sur le double sens du mot intérêt, Banca Etica remet les pendules à l'heure : « L'intérêt majeur, c'est l'ensemble *(la communauté)* ». Pour la GLS, « L'argent est là pour servir les individus », pour Merkur il est là pour « Se consacrer à la justice sociale, au sein d'une économie durable ». Dans une formulation très voisine, Triodos s'affirme comme « Un point de référence pour un futur soutenable ».

---

(4) Jean-Pierre Caron, *Monnaie, Monnaie éthique...* Autoédition, Paris, 2015, pages 96 et 97.

Toutes ces banques se retrouvent, avec d'autres, dans différentes structures internationales. Au niveau européen, l'INAISE (*International Association of Investors in the Social Economy* [5]) est un réseau international d'organismes d'inspiration anthroposophique ayant pour objectif le financement de projets sociaux et environnementaux. Créé à Barcelone en 1989, l'INAISE a connu une croissance rapide liée au développement du mouvement de la finance sociale et solidaire qui a très vite gagné en nombre, en visibilité et en importance dans la plupart des pays européens et non européens. On y trouve des banques européennes, africaines, américaines et australiennes – une bonne quarantaine – et des organisations non financières qui oeuvrent dans le même sens (réseaux, groupes de recherche, agence de conseil). La Nef fait partie de cette association. Comme elle participe également, dans un cadre encore plus large, à la FEBEA, la fédération européenne de finances et banques éthiques et alternatives [6], dont elle est un des 7 fondateurs aux côtés du Crédit coopératif et de la Caisse Solidaire Nord Pas-de-Calais (France), de Crédal et Hefboom (Belgique), de Banca Etica (Italie) et de Tise (Pologne). Née en 2001, la FEBEA réunit, en 2017, 26 institutions (13 banques, 7 coopératives financières, 4 sociétés d'investissement et 2 fondations) de 14 pays européens. Sa mission : développer la finance éthique et solidaire en Europe. Au-delà des rencontres entre membres, de l'échange d'informations et d'expériences, de son rôle de représentation auprès de l'Union européenne et des autres organisations financières ou politiques, elle appuie l'action de ses membres d'un point de vue opérationnel. Elle a ainsi créé dès 2002 une coopérative financière, la SEFEA (Société européenne finance éthique et alternative). Cette filiale, qui peut jouer le rôle d'une caisse de garantie pour ses membres, investit également directement dans des entreprises sociales de la finance éthique. Elle a ainsi soutenu plus de 30 initiatives ayant clairement une valeur ajoutée sociale et environnementale ainsi

(5) http://www.inaise.org/fr

(6) http://www.febea.org/fr

qu'un fort potentiel de réplicabilité en Europe. La Nef siège à son conseil d'administration.

Il faut encore citer l'ISB (*Institutionnal Social Banking* [7]), une structure de formation et de recherche créée et impulsée en 2006 par la GLS, décidément très active ! Elle regroupe une quinzaine de sociétés financières dont la Nef, Triodos, Banca Etica, la BAS suisse, Merkur ou Charity Bank. Son rôle principal, via une université d'été annuelle et une activité de recherche et de publication, est de former les salariés des banques éthiques et les jeunes qui se destinent à ces métiers à la dimension sociale et éthique de leur activité professionnelle. Ce qu'on n'apprend guère dans les écoles de commerce ou de finance...

À un échelon mondial, existe enfin l'Alliance globale des banques basées sur les valeurs (le GABV, *Global Alliance for Banking on Values* [8]). La Nef ne pourra en faire partie que lorsqu'elle sera pleinement banque et elle pourra alors rejoindre la quarantaine d'autres membres de cette Alliance dont, en 2017, la seule banque française est le Crédit coopératif. Jean-Pierre Caron explique : « Parmi les membres du GABV, il y a des banques très importantes et c'est près de 100 millions de clients qui sont concernés dans le monde par son action. Son objectif est de multiplier ce chiffre par dix d'ici dix ans et d'atteindre un milliard de clients dans le monde. À ce moment là, on voit bien que son poids sera vraiment décisif et qu'une telle structure est de nature à pouvoir faire basculer le paradigme de la finance ! »

(7) http://www.social-banking.org

(8) http://www.gabv.org

Et dans 100 ans ?

Autour de la petite table de l'antenne parisienne de la Nef, Jean-Pierre Bideau, Patrick Sirdey qui vient d'entrer au conseil de surveillance de la Nef-banque et Marie-Thérèse Ducourau, nouvelle présidente de l'association La NEF qui a pris le relais de Philippe Clayrfait, se retrouvent en ce jour de janvier 2017 avec Jean-Pierre Caron, vice-président du conseil de surveillance de la Nef. Voilà presque quarante années que l'histoire de la Nef a commencé. Mais c'est moins vers le passé que ces piliers de cette déjà longue histoire se tournent, que vers l'avenir – cette injonction toujours présente dans leur histoire : les besoins de demain... Comme si, en permanence, tout ne faisait, sans cesse, que commencer.

Et de s'interroger, sans frayeur, et même avec un certain optimisme, mesuré mais serein, sur les enjeux auxquels ils estiment que la Nef, et de manière plus générale la finance éthique, seront (sont déjà) confrontés. Les questions ne sont pas techniques, pas seulement du moins, et lorsqu'elles le sont les réponses ne s'y arrêtent jamais.

Comment se positionner vis-à-vis du développement révolutionnaire de l'économie digitale et numérique ? En adoptant le meilleur de la technique, sans jamais oublier le rapport à l'humain, le rapport aux autres et la recherche du véritable intérêt pour l'autre, en redéfinissant de manière stricte la place de la technologie et celle de l'homme.

Si la société ne peut plus offrir assez de travail pour tout le monde comme elle put le faire un temps que certains appellent encore de leurs vœux comme un temps béni, quelles réponses apporter à cette évolution de fond ? Une réflexion sur le revenu universel de base est incontournable, réflexion qui entraîne à repenser les temps de la vie, l'éducation, la retraite, le salariat. Dans cette optique, ne faudrait-il pas commencer par verser le salaire en début de mois plutôt qu'en fin : symboliquement, il serait alors un dû pour tout individu qui pourrait ensuite se consacrer à son travail et non la compensation marchandisée d'une force de travail échangée contre un travail obligatoire.

Comment contrecarrer l'aberration d'un modèle économique où l'essentiel de la masse monétaire est sans rapport avec la masse des marchandises qui circulent et est purement spéculatif ? Il faut s'arcbouter à cette idée simple : relier l'argent à la réalité de l'économie et à la marchandise, faire que les transactions des banques ne s'opèrent que sur le réel.

Et pour revenir sur les fondamentaux, on ne coupe pas à des remises en cause et à la nécessaire reformulation des notions centrales de l'économie, en leur donnant ou redonnant un autre sens. Repenser le capital dont les formes de collecte évoluent mais dont le rôle doit sans cesse être réaffirmé (non un outil spéculatif mais l'assise d'une activité économique au bénéfice de tous). Redéfinir la répartition des bénéfices, remettre en cause la suprématie des dividendes et, constante des réflexions dans l'histoire de la Nef, questionner la notion d'intérêt (est-il légitime ? Et jusqu'où ?). Repenser la propriété, réfléchir plutôt propriété d'usage et pas seulement propriété juridique à l'instar de ce que fait Terre de liens pour la terre agricole. Repenser le rôle du consommateur, inclure le client dans la dynamique économique avec les producteurs et les intermédiaires nécessaires (dont le banquier !), créer davantage de concertations sur toutes les filières. Développer la conscience citoyenne dont on perçoit par le succès de quelques films ou livres, par l'écoute attentive de quelques penseurs, par des initiatives nombreuses comme le développement des monnaies locales, qu'elle est loin, très loin d'être assoupie, même si elle demeure peu écoutée, voire ignorée (les rencontres du Collectif pour une transition citoyenne, dont la Nef est partie prenante, en sont un exemple).

Face à ces enjeux colossaux, l'action de la NEF au cours de ses quarante ans d'histoire peut paraître dérisoire. Mais l'effort et la patience, la conviction et la volonté ne sont pas prêts à se laisser déborder. De tous temps, des hommes et des femmes ont agi pour modifier les états de fait, les situations installées ou les fatalités acceptées. Ces combats, variés et multiples, se sont incarnés de moult manières. À la fin du XXe siècle, La NEF a été l'une de ces incarnations et elle continue, avec d'autres, à l'être. Quelques vers d'Henry Nouyrit, poète à ses heures, sonneront ici comme un rappel de cavalerie, un encouragement, une devise, une ligne de vie et d'action pour tous les hommes de bonne volonté :

Le désespoir n'est pas de jeu,
Nous arrêterons la marée.
Tant vaut la digue que vaut l'homme
C'est la devise du digueur,
Pelle à pelle il faut faire la somme
De l'amour et de la vigueur. [9]

(9) Extrait de « La chanson du digueur » (1983), poème d'Henri Nouyrit dans *Quelques considérations d'expériences dans les interstices des jours et des ans*, éditions Les Trois Arches, 1990.

Au cours de ses 40 ans d'histoire,
l'association La NEF a été présidée par :

Henri Nouyrit (1979 - 1999)

Philippe Leconte (1999 - 2004)

Serge Alquier (2004 - 2012)

Philippe Clairfayt (2012 - 2015)

Marie-Thérèse Ducourau (depuis 2016)

Contact : http://www.association-lanef.org

Dans la même collection

Michel Lulek
Scions… travaillait autrement ? Ambiance Bois, l'aventure d'un collectif autogéré.

Samuel Deléron, Michel Lulek et Guy Pineau
Télé Millevaches, la télévision qui se mêle de ceux qui la regardent.

Béatrice Barras
Moutons rebelles. Ardelaine, vers une coopérative de territoire.

Béatrice Barras
Chantier ouvert au public. Le Viel Audon, village coopératif.

Christophe Beau
La danse des ceps. Chronique de vignes en partage.

Christophe Beau
Pour quelques hectares de moins. Tribulations coopératives d'un vigneron nomade.

Jean-François Draperi
Godin, inventeur de l'économie sociale.

Michel Chaudy
Faire des hommes libres. Boimondau et les communautés de travail à Valence (1941-1982).

Association Grand'Air et P'tits bonheurs
Soignants-chanteurs, un monde à plusieurs voix.

Collectif d'éleveurs
Homéopathie à la ferme. Des éleveurs racontent.

Collectif d'élèves et de professeurs
Une fabrique de libertés. Le lycée autogéré de Paris.

Élisabeth Bost
Aux entreprenants associés. La coopérative d'activités et d'emploi.

Christian Vaillant
Le Papier Mâché. Un restaurant-librairie autogéré (1978-1985).

Anne Bruneau
Commun Village. 40 ans d'aventures en habitat participatif.

Sandrino Graceffa
Refaire le monde… du travail. Une alternative à l'ubérisation de l'économie.

Collectif
La Cantine des Pyrénées en lutte. Textes et témoignages collectifs.

Éditions Repas
4 allée Séverine, 26 000 Valence
Tel : 04 75 42 67 45
www.reseaurepas.free.fr
repas@wanadoo.fr